新时代师范生就业核心竞争力研究

蔡　斌　王怀香　著

东北大学出版社
·沈　阳·

图书在版编目（CIP）数据

新时代师范生就业核心竞争力研究 / 蔡斌，王怀香

著 . -- 沈阳：东北大学出版社，2024.7. -- ISBN 978-

7-5517-3563-6

Ⅰ . G657.38

中国国家版本馆 CIP 数据核字第 2024PW5285 号

出 版 者：东北大学出版社
　　　　　地址：沈阳市和平区文化路三号巷 11 号
　　　　　邮编：110819
　　　　　电话：024-83683655（总编室）
　　　　　　　　024-83687331（营销部）
　　　　　网址：http://press.neu.edu.cn
印 刷 者：辽宁一诺广告印务有限公司
发 行 者：东北大学出版社
幅面尺寸：170 mm × 240 mm
印　　张：12.25
字　　数：200 千字
出版时间：2024 年 7 月第 1 版
印刷时间：2024 年 7 月第 1 次印刷
组稿编辑：周文婷
责任编辑：邱　静
责任校对：乔　伟
封面设计：潘正一
责任出版：初　茗

ISBN 978-7-5517-3563-6　　　　　　　定　价：49. 50 元

前　言

　　师范生是目前我国高校学生的一种类型，主要指师范专业（既包括师范院校的师范专业，也包括综合类院校的师范专业）培养的学生，是学前教育、基础教育（含义务教育和高中教育）的主要师资来源，主要教育层次为本科与专科。

　　师范生作为我国学前教育、基础教育的师资后备力量，其培养、就业对于我国教育事业的发展具有重要意义。近年来，受我国教育政策改革、教育市场发展等多方面影响，师范生的就业问题日益凸显，以往具有"包分配"就业特征的师范生，正面临着越来越大的就业压力以及越来越多样化的就业选择，也就是说，师范生的就业从封闭走向了开放。

　　在这种情况下，师范生在就业过程中是否具有竞争力显得尤为重要。为了全面提升师范生的就业能力，解决师范生在就业过程中就业能力匮乏的问题，让师范生与教育岗位更加匹配，笔者从当前师范生的就业形势入手，对师范生就业核心竞争力问题进行了全面、系统、深入的研究，对师范生就业核心竞争力的内涵和培养路径有了更加深刻的认识。为了方便交流，笔者将研究成果撰著述《新时代师范生就业核心竞争力研究》一书，以期抛砖引玉，让同人能够参与这类研究，共同提升师范生的就业核心竞争力，促进师范生的就业，推进师范生人力资源的有效配置。

　　本书围绕师范生就业核心竞争力问题，从师范生就业的基本情况入手，对师范生就业进行了 SWOT 分析，从师范生学科知识能力提升、教学方法能力提升、教学手段能力提升、活动管理能力提升、评价能力提升、求职择业技巧提升、就业心态培养、表达交流能力提升、教师礼仪培养、师德师风培养、创新创业能力培养等诸多方面，全面推进师范生就业核心竞争力的提升。在研究与撰著过程中，笔者既关注了一般情况下师范生就业核心竞争力的内涵，也研究了师范生就业核心竞争力的特殊性。

在研究过程中，笔者参考了专家学者及一线教师的相关研究成果，由于篇幅关系，不能一一致谢，在此一并感谢！

由于笔者研究能力有限，加之时间仓促，本书中疏漏之处在所难免，望广大读者批评指正！

著　者

2023 年 5 月

2

目　录

绪 论 师范生就业核心竞争力之思

师范生是大学生的重要组成部分，在大学生群体中占据重要位置。近年来，随着大学生就业问题凸显，师范生就业问题也逐渐成为社会关注的焦点。在这种情况下，如何提升师范生的就业率、提高师范生的就业质量，成为师范院校和师范专业关注的问题。本书从师范生就业核心竞争力角度出发，系统研究影响师范生就业的因素，找到提升师范生就业核心竞争力的路径，从而提升师范生的就业率、提高师范生的就业质量。

0.1 对"师范"概念初步认识

"师范"，是大众耳熟能详的词，"学高为师，身正为范"。一般情况下，大众对师范的理解主要有三个层面。

第一个层面是指师范院校，我国的师范院校一般分为中等教育层次和高等教育层次，中等教育层次的师范院校包括中等师范学校、中等特殊教育师范学校、幼儿师范学校等，高等教育层次的师范院校包括本科师范院校（学院）、普通高校中的师范专业、师范高等专科学校、职业技术学院中的师范专业等。在我们的研究中，一般以高等教育层次的师范院校为主，也就是高等师范教育，这符合目前师范教育办学的发展方向。

第二个层面是指师范专业，师范专业是我国一类特殊的专业。师范专业有以下特点：第一，师范专业设置的课程一般以基础学科为主，并设有教育学、心理学等教育科学的内容，在专业设置上，有交叉学科的特征，所培养的人才要求既有学科知识，又有教育知识；第二，师范专业是经过教育行政部门认证的专业，无论是在招生、培养，还是在就业等环节，都可能有不同于其他专业的政策扶持；第三，师范专业的就业方向主要面向教育领域，特别是教师岗位，这也是此专业被称为师范专业的原因，在我们的研究中，以教师岗位为师范生的主要就业方向。

第三个层面是指师范生，就是就读于师范专业的学生，主要有以下三个特点：第一，师范生所学的专业具有很强的针对性。师范生学习的专业往往以基础学科为主，这是区别于其他专业的地方，且师范生学习的专业往往会加入教育学、心理学等教育学科的内容。第二，师范生有资格准入的要求。师范生在学习期间，需要获得教师资格证，为将来应聘教师岗位打下基础。第三，师范生的就业领域具有确定性。师范生的主要就业领域是教育领域，主要岗位是教师岗位，这是师范生在报考和学习过程中就知晓的。

0.2　就业核心竞争力提出

自我国各级各类学校取消"包分配"，采取"自主择业，双向选择"的就业政策以来，就业工作逐渐成为各级各类学校工作的重点。认识就业工作，要经历一个"认识—实践—再认识"的过程。

在"自主择业，双向选择"的就业政策实施之初，各级各类学校作为学生就业的主体，负责帮助学生联系用人单位，帮助学生就业。在这一时期，各级各类学校在学生就业过程中起到了关键作用。很多高校为了方便学生就业，组织了规模大、针对性强的校园招聘会。在这一时期，专业相近的院校会联合起来，组织校园招聘会或者安排大型用人单位的招聘专场，其中比较常见的就是师范院校联合举办的各类"高师招聘会"，为师范生就业打开方便之门。

随着社会招聘的兴起，特别是随着网络技术的发展，各类招聘网站开始成为学生就业的重要渠道，各级各类学校在就业工作中所占权重开始降低。在这一时期，各级各类学校开始调整就业工作内容，在保留原有的校园招聘会或者大型用人单位的招聘专场的基础上，将目光主要放在对学生就业能力培养上，开始加强学生的就业教育，很多学校开设了学生职业生涯规划、学生就业指导、学生创业教育等课程，部分学校还将学生创新创业教育作为就业教育的重点来抓。在这一时期，各级各类学校为学生提供就业岗位的功能逐渐减弱，培养学生自主择业的功能在加强。

随着经济社会的发展和网络招聘的兴起，学生的就业开始逐渐多元化。有的大学生依然依托校园招聘会或者大型用人单位的招聘专场求职择业，有的大学生寻找大型企业的招聘信息直接应聘，有的大学生通过社会招聘会选择就业，有的大学生通过网络招聘信息选择就业，有的大学生通过自主创业实现就业。在这种情况下，学校能够为学生提供的就业帮助显得极为有限。更多的学校将目光放在培养大学生就业能力上，在这种情况下，就业核心竞争力的概念应运而生。

从目前来看，就业核心竞争力是学校就业工作的一个重要概念。

就业核心竞争力的概念始于就业力的概念。就业力在国外被称为"可雇佣能力"，是指应聘者对于招聘者来说的能力价值，也就是招聘者为什么要录用应聘者。就业力作为就业工作的重要概念被沿用了很多年，成为指导各级各类学生就业的重要概念，特别是对于大学生就业来说，它更是一个不可或缺的概念。就业力较强的大学生，更容易获得工作机会和较高的待遇；就业力差的大学生，则缺少就业机会或者很难获得较高的待遇。

随着就业难度的增大，社会各行各业在就业中出现了内卷的现象，就业竞争日趋白热化。这个时候，在就业工作中，就业力演变成就业竞争力。所谓就业竞争力，就是在就业活动中，能够使应聘者脱颖而出、获得工作机会的能力。与就业力相比，就业竞争力的要求更高。因为就业力仅要求应聘者面向招聘者，应聘者只要满足招聘者的用人要求即可。而就业竞争力不仅要求应聘者满足招聘者的用人要求，还要求应聘者在诸多竞争者中体现出自己独特的价值。

随着人们对就业竞争力认识的深入，学校的就业工作者发现，就业竞争力的范围既过于宽泛，又过于抽象。在就业工作中，很多因素都可以成为就业竞争力，这使得学校在对学生就业竞争力的培养中并不好把握。而且对于不同的专业来说，就业竞争力也有着明显的差异，也就是说，不同的专业有着不同的就业竞争力。基于此，学校就业工作者根据核心素质的概念，提出了就业核心竞争力的概念。所谓就业核心竞争力，是指学生在就业过程中，能够起到重要作用的能力。学生的就业核心竞争力往往随着行业的不同、专业的不同而有较大的差异。

0.3 师范生就业核心竞争力内涵

在"自主择业，双向选择"的就业政策实施以来的相当长时间内，对师范生的影响并不明显。受就业活动的惯性影响，很多用人单位与师范院校依然有着密切的联系，师范生依然可以通过校园招聘来实现就业。

但随着经济社会的发展，师范生之间的就业竞争开始加剧。在这种情况下，师范生就业核心竞争力被提出并被广泛接受。从目前来看，师范生的就业核心竞争力主要包括两个方面内容。一是求职择业的内容。求职择业的内容是师范生获取工作岗位的内容，也是狭义上师范生就业的内容。师范生在求职择业方面所体现出的能力，是就业活动的显性能力，有助于师范生在竞争活动中脱颖而出，占据求职择业竞争的有利位置，从而提升就业的成功率。二是职业发展的内容。职业发展的内容是指师范生在未来的工作过程中涉及的内容，也是广义上师范生就业的内容。师范生在职业发展方面体现出的能力，是就业活动的隐性能力，仅能获得工作的机会，并不是工作的全部。师范生在成为教师之后，依然需要一些特定的能力来满足教师岗位的要求，从而获得更好的职业发展。这些特定的能力虽然在求职择业过程中体现得并不明显（也有一定的体现），但在师范生未来的发展中却至关重要。

一般来说，师范生就业核心竞争力主要反映在以下几个方面。

第一，对就业形势的判断。在开展就业活动之前，要对就业形势有最基本的判断，这种判断不仅将成为师范生求职择业的重要依据，也会解开师范生的就业困惑，为师范生的就业指明方向。一方面，师范生应该从宏观层面了解就业形势，既要了解国家的就业形势、行业的就业形势，也要了解就业中竞争对手的大致情况，这样才能准确判断自己在就业竞争中的大致位置，做到知彼。另一方面，师范生应该从自身层面了解自己的就业能力，结合宏观就业形势、行业就业形势以及竞争对手的情况，查漏补缺，选择提升自己就业核心竞争力的方案，做到知己。

第二，学科知识能力。师范专业一般涉及基础学科，这些学科是师范生在成为教师之后的主要教学方向。因此，学科知识能力是师范生就业核心竞争力的基础。比如，作为一名物理专业的师范生，如果物理专业的知识并不牢固，那么很难胜任物理教师岗位。学校在招聘教师的时候，往往会对师范生的学科知识进行专项考查，确保师范生能够胜任学科教师的岗位。

第三，教学方法能力。师范生主要的求职意向和最终的任职岗位是教师岗位。对于教师来说，仅有扎实的学科知识能力是不够的，还需要有将学科知识传授给学生的能力，也就是教学方法能力。以往教师的教学方法较为单一，一般采取教授式的教学方法，即教师讲、学生听。但随着经济社会的不断进步、教育的不断改革、学生需求的不断转变，对教师的教学方法提出了更高的要求。在这种情况下，师范生只有具备运用多种教学方法的能力，才能够出色地完成教学任务。因此，教学方法能力是师范生求职择业中的重要能力，是能否应聘成功的重要因素。

第四，教育技术能力。对于教师来说，今天的教师岗位与以往的教师岗位在教育技术能力方面的要求是完全不同的。在传统的教学中，教师站在讲台上，以粉笔和黑板为载体就可以完成教学。随着教育技术的发展，投影仪进入教室，开始被应用于教师的教学。今天，很多学校建设了多媒体教室，教师可以应用课件来进行教学。同时，随着网络的发展，线上教育逐渐兴起，教师可以应用互联网，通过网课的形式开展教学。在未来，虚拟仿真技术和人工智能技术也会走进教室、走进课堂，这就要求教师有更高的教育技术水平，只有这样，才能够驾驭未来的课堂。因此，很多学校在招聘教师的时候，也会考查应聘者的教育技术能力。对于师范生来说，教育技术能力是未来求职择业的重要砝码之一。

第五，活动组织能力。教学本身就是一种活动，教师是教学活动的设计者、组织者和实施者。除了教学活动，教师在学生教育过程中，还会组织各种实践活动和集体活动。在这个时候，就要求教师具有一定的活动组织能力，这样才会保证各种活动顺畅进行。由此可见，教师不仅是知识的传授者，还是组织学生、管理学生的管理者和引路人。很多学校在招聘教师的时候，会关注应聘者的活动组织能力。因此，对于师范生来说，具备活动组织

5

能力是未来求职择业的亮点。

第六，学生评价能力。学生评价是教师工作的重要组成部分。在很长时间内，人们认识中的学生评价仅仅是考试成绩和教师的评语。但事实上，学生评价是一项科学的、极有价值的活动。学生评价不仅可以找到学生存在的问题，查漏补缺，而且可以激励学生，促进学生更好地发展。同时，教师可以通过学生评价发现自己在教学活动中的诸多问题，进行反思总结，以提高自己的教学水平。学生评价是很多学校在招聘时考查应聘者的一项内容，以确定应聘者是否对学生评价有清晰的认识。因此，对于师范生来说，加强自身的学生评价能力，对未来求职择业有着重要的促进作用。

第七，求职择业的技巧。对于师范生来说，拥有丰富的求职择业技巧是就业成功的重要保障。如何进行就业信息的筛选、如何进行简历的制作、如何参与笔试和面试，都是师范生在求职择业道路上必须要进行的工作。如果在这些环节中，师范生能够正确应对，那么可以避免许多不必要的麻烦，增强求职择业的有效性，提高求职择业的成功率，为顺利就业提供保障。

第八，良好的就业心态。良好的就业心态是师范生求职择业的重要基础。其一，必须要有良好的就业观念。只有观念正确，才能平和地看待求职择业这件事，才能够在选择职业的时候做到适合自己、服务社会。其二，必须要有良好的就业情绪。在求职择业过程中，难免会遇到各种各样的挫折，师范生要勇于调整自己的情绪，以正确的心态来对待求职择业，以积极的心态来完成求职择业。

第九，表达交流的能力。师范生表达交流的能力对求职择业有一定的影响。师范生良好的表达交流能够给招聘者留下深刻的印象，使就业成功率大大提高。更重要的是，在未来的教师岗位上，良好的表达交流能力能够起到巨大的作用。因为良好的表达交流可以协调教师与各方的关系，使人际关系和谐，营造良好的教育教学氛围，不仅可以助力教师自身的职业成长，对学生的成长也大有裨益。

第十，教师的基本礼仪。教师的基本礼仪是师范生必须要具有的一项能力。教师的基本礼仪是教师岗位的形象工程，不仅关系到教师的形象，而且关系到学生对教师的认同感。如果教师具有良好的礼仪，那么很容易获得学生的认同；如果教师缺乏基本的礼仪，那么很容易招致学生的反感甚至排斥。很多学校在招聘教师的时候，非常看重应聘者的礼仪情况。要提升基本礼仪修养是非常必要的。

第十一，教师的师德师风。教师的师德师风是教师一生都需要修炼的内容。良好的师德师风能够助力教师的职业发展，师德师风的修养不足有可能毁掉教师的职业生涯。良好的师德师风是师范生成为一名优秀教师的重要前提，是教师最基本的素养。对于许多学校来说，对应聘者师德师风的考查是一项非常重要的内容。因此，师范生要时刻注意师德师风，努力成为一名合格的教师岗位应聘者。

第十二，创新创业的能力。创新创业是目前大学生就业的一条重要路径。虽然创新创业并不是就业的主要渠道，但随着经济社会的发展，师范生尝试创新创业、解决就业问题并不是一件不可能的事。因此师范生要积极探索、锐意创新，提升自己的创新创业能力，在教育领域实施创新创业，开辟属于自己的事业，成为教育行业的时代弄潮儿。

0.4　结束语

师范生就业核心竞争力是师范生未来就业的重要概念，提升师范生就业核心竞争力，是师范院校与师范专业学生未来就业工作的重要内容，因此，未来的师范教育要围绕对师范生就业核心竞争力的培养，全面提升师范生的就业核心竞争力，帮助师范生顺利就业、高质量就业。

第 1 章　师范生就业基本概况

师范生是我国教育体系中的一种学生类型，培养师范生的主要目的是为我国教育事业输送合格的人才。师范生的就业与我国教育事业的发展息息相关，因此，师范生的就业在我国大学生就业工作中占据特殊的位置。下面，让我们全面、系统、深入地了解师范生就业的基本概况。

1.1　师范生基本情况

在了解师范生就业基本情况之前，我们首先要了解师范生的基本情况，对师范生的含义、特点和价值有一个基本的认识。

1.1.1　师范生含义

我们对师范生这个名称并不陌生。在诸多专业中，师范专业是大众非常熟悉的专业。师范生是为我国教育事业培养的专门人才，获得了社会层面最广泛的关注。目前，我国教育事业特别是基础教育事业教师的主要来源即师范生。那么，什么是师范生呢？

师范生，顾名思义，是师范专业的学生，是我国教育体系中对未来从事教育事业的一类学生的统称，这类学生在未来的工作中往往从事教师行业。根据"学高为师、身正为范"的要求，我国社会习惯将教师教育院校称为师范院校，教师教育专业称为师范专业，同理，师范专业的学生称为师范生。

师范生的培养目前有两个阶段。一是中等教育阶段，也叫作中师教育，包括中等师范学校、中等特殊教育师范学校、幼儿师范学校等，这类师范学校接纳的是初中毕业生。近几年来，随着社会对学历要求的提升，中等教育阶段的师范学校逐渐升级，这使得中等教育阶段的师范学校数量逐渐减少。二是高等教育阶段，也叫作高师教育。在高师教育中，师范院校分为本科教育和专科教育两个层次。在本科教育层次，有专门培养师范生的师范大学或者师范学院；在专科教育层次，有专门的师范专科学校。此外，出于历史原因，如院校合并或者院校转型，一些综合性大学或者职业技术学院中也有部分师范专业，这些师范专业往往与院校的办学历史息息相关（比如院校前身是师范院校），这些师范专业的学生，也称为师范生。在之后的研究中，提到师范生，一般指高师教育的师范生。

此外，有两点需要进一步说明。其一，师范生并不单指师范院校的学生，一般来说，师范院校并不只有师范专业。很多师范院校既设有师范专业，也设有非师范专业。即使在同一学科，也有师范专业和非师范专业之分。比如在某些师范大学的物理系（学院）中，有的物理专业是师范专业，有的物理专业是非师范专业。在师范院校中，只有师范专业的学生才可以叫作师范生。同样道理，一些综合类的大学中也有一些师范专业，也就是说，在综合类大学中的师范专业，其培养的学生同样要称为师范生。由此可见，区分师范生的关键是看学生就读的专业是不是师范专业，而不是他在哪所学校就读。这是因为师范专业需要教育行政部门的认定，而并不是靠学校属性来决定和判定的。其二，一般只在中等教育阶段、专科教育阶段和本科教育阶段设置师范专业。对于高等教育来说，只存在师范专业的本科生和专科生，在硕士研究生和博士研究生阶段通常并不存在师范生。在我们的研究中，即使是教育学的硕士或者教育博士，我们也不将其认定为师范生，这是由师范专业特有的专业属性所决定的。

1.1.2 师范生特点

对于高等教育来说，师范生是一类特殊的大学生。和一般大学生相比，师范生有着与众不同的特点。

第一，师范生作为一种特殊类型的学生，具有政策性。师范专业是在国家政策指引下，由教育行政部门审批确认的。因此，与其他专业不同的是，师范专业本身就是基于国家政策规定的，因此师范专业的设立具有极强的政策性，这使得师范生的身份确认具有极强的政策性。因此，对于师范生来说，其升学、学习与就业受国家政策的影响比较大。从升学角度来看，师范生的要求较为复杂，相比于一般大学生的招生与录取，师范生招生与录取的条件更为严格，比如师范生不能存在为色盲等方面问题。此外，国家还设立了公费师范生招生的特殊政策。对于特殊地区，师范院校可以招收定向的师范生。师范生在读期间，国家在政策上对其有一定的照顾，比如通常情况下，师范生的学费相对较低，在大多数地区，师范生在读期间的补贴相对较多，同时为师范生设立各种不同于一般专业学生的奖学金。在就业方面，师范生同样受政策的指导较多，比如公费生和定向师范生的就业，就有着严格的政策要求。此外，国家还为师范生就业提供了一些多样化的选择，比如一些支教项目的实施、去偏远地区支教的优惠政策等。

第二，师范生作为一种特殊类型的学生，具有专业性。师范生的专业性主要体现在以下两个方面。一方面，师范生的专业性体现在跨学科性上。在高校中，一般大学生所学习的专业，往往与其主干学科息息相关，比如物理专业的大学生，要深入系统地学习物理知识；机械专业的大学生，要全面学习机械方面的技术；计算机专业方面的大学生，要全面学习计算机方面的知识与技术。大多数时候，一般大学生所学习的专业往往遵循学科的知识逻辑，具有较强的学科单一性。师范生却有所不同，因为师范生除了要学习学科方面的知识，还要学习教育学、心理学等教育学科的知识。也就是说，师范生的专业具有一定的交叉性，即以教育与学科的知识为背景，强化专业学科知识。也可以这样说，师范生的专业性往往体现在学科知识与教育知识的交叉融合上。另一方面，师范生的专业性体现在学科知识的基础性上。从目前来看，师范类专业往往与基础学科相对应，比如师范类专业往往设有中文专业、数学专业、物理专业、化学专业、外语专业、计算机专业、体育专业、音乐专业、美术专业、舞蹈专业、生物专业、心理专业、政治专业、历史专业、地理专业等，这些专业都倾向于基础学科和基本应用，因此师范类专业所体现的学科知识往往是基础学科的知识。这与其他应用型学科是不同的，比如师范类专业中就没有采矿专业、冶金专业、机械工程及自动化专业、土木工程专业等。

第三，师范生作为一种特殊类型的学生，具有实践性。一方面，师范生未来从事教育事业，其工作的对象一般是学生，这就要求师范生不能机械地、固化地照本宣科，要积累更多教书育人的实践经验，才能在与学生的互动中对其施加影响，才能真正在学生的成长成才过程中起到应有的作用。另一方面，师范生从事的职业一般是教师，工作的区域是三尺讲台，也就是教学课堂，但教育是没有止境的，三尺讲台上也有气象万千，这就要求师范生不断地积累实践经验，不断地提高教学水平，只有这样，才能适应岗位的需求，才能提高教学水平，才能在平凡的岗位上做出不平凡的贡献，才能获得更大的职业发展空间，才能从普通教师走向骨干教师，进而走向教学名师，成为名副其实的教育专家。

第四，师范生作为一种特殊类型的学生，具有严格性。与一般的大学生相比，显然，对师范生的要求更加严格。师范生是未来的教师，教师是"太阳底下最光辉的职业"，从业要求极高，这就要求师范生不仅要学识渊博，还要有高尚的道德，只有达到德才兼备，才能在教书育人过程中达到"学高为师、身正为范"的教育效果。提到教育，人们一般说言传身教，对师范生的要求同样如此：一方面，所谓言传，就是教师通过课堂教学，将知识传授给学生，这是教师的基本功能，也是教师的显性功能，因此，师范生要加强专业知识学习，做到"胸中有经纶"，才能将知识传授给学生；另一方面，所谓身教，就是通过教师的日常言行，为学生做出必要的示范，让学生可以通过学习模仿教师的日常言行来提升自身的素质，这是教师的另一项基本功能，也是教师的隐性功能。因此，师范生要时刻注意自己的言行，提高自己的道德修养，做学生的好榜样、好典范。

1.1.3　师范生价值

师范生作为我国高等教育的一类特殊学生，具有特殊的价值。

第一，师范生可以为我国各级各类教育提供稳定的师资来源。教师是一个特殊的职业，需要全面、系统、深入地培养，才能为教师行业提供合格的人才。对于教师岗位来说，不仅需要教师具有扎实的专业知识，还需要教师具有教育学、心理学等教育学科的知识。同时，要想成为一名优秀的教师，还需要积累丰富的教学经验。因此，如果不是专业培养，而是从其他专业选拔相应的人才作为教师参与教学活动，那么不仅难以保证教师的质量，而且需要很长时间的磨合，无论是从教学效果还是从人力资源成本角度来看，都是不合适的。师范院校和师范专业培养的师范生，不仅具有扎实的学科知识，而且具有丰富的教育学科背景，同时有一定的教育实践经验，可以为我国各级各类教育提供稳定的师资。具体来说，一方面，师范生经过专门的学科教育和专门的教育训练，具备成为一名教师的基本素质，可以成为各级各类教育师资力量的候选人；另一方面，师范生在校期间可以经过教育教学的实践，积累较为丰富的教育教学经验，这也为各级各类教育提供稳定的师资做好了充足的保障，师范生能够在各级各类教育活动中很快投入工作中，发挥自己的价值。

第二，师范生可以推动我国各级各类教育的发展。教育的发展并不是一成不变的，也会随着时代的发展不断改变。影响教育发展的因素有很多，比如：经济社会的发展，会造成人们教育观念的变化，从而推动教育的发展；科学技术的发展，会产生新的知识，从而推动教育的发展；社会需求的转变，会让人们关注不同的领域，从而推动教育的发展。今天，翻开教学课本，可以看见几十年前的知识与今天的知识有很大差异。因此，每个时代的教学内容都会不同，对教师的知识和能力的要求也不同。教育的发展势必对教师提出不同的要求，要求教师适应教育的发展。在这种情况下，在职教师由于固有的知识体系和能力基础，对教育的发展往往存在着反应滞后现象。虽然很多学校针对教育的发展进行了大规模的培训，但大多数时候效果并不尽如人意。师范院校或者师范专业通过对师范生的培养，将新的教育理念、教育内容、教育方法、教育手段传授给师范生，让师范生通过就业将这些新的教育理念、教育内容、教育方法、教育手段带到教学一线，可以加速推进教育的发展，为各级各类教育注入新的血液。同时，通过师范生与在岗教师的交流，在岗教师可以更好地接受新的教育理念、教育内容、教育方法、教育手段，促进在岗教师的职业发展。所以说，进行教育的发展与变革，不仅要从学校开始，还要从师范教育开始。师范生的就业，从某种程度上说，就是将教育发展与变革的成果带到教学一线的过程。

第三，师范生是我国教育经济发展的主力军。随着我国经济社会的发展，教育经济已经成为我国经济社会发展的重要内容，并且在经济板块中占据着非常重要的位置。随着我国经济社会的发展，人们对教育的需求逐渐增加，需要越来越多元化的教育服务，这推动了我国教育经济的出现与发展，我国教育经济的出现与发展，需要大量的教育教学专业人才，而师范生正是教育经济发展所需要的专业人才。在教育经济发展过程中，师范生作为从业者，对于扩大教育经济规模、促进教育经济发展、全面推动我国经济社会发展意义重大。从目前来看，越来越多的师范生加入教育经济发展过程，他们服务于教育产业，在教育产业的各个门类，充分发挥着自己的聪明才智，同样为人才的培养、社会文明的进步贡献着力量。

1.2　师范生就业特点

师范生作为我国高等教育的一类特殊学生，其就业情况也得到了社会各界的广泛关注。师范生就业的特点如下。

1.2.1　关键性

师范生作为我国高等教育的一类特殊学生，其就业具有关键性的特点。师范生就业的关键性主要体现在以下几个方面。

第一，师范生所处的行业具有关键性。古人云，终身之计，莫如树人。教育事业是经济社会发展的重要内容，是国家发展的重要支撑，在各行各业的发展中，具有基础性的地位。师范生作为教育事业未来的从业者，对教育事业的发展具有重要的作用。正因为如此，长期以来，师范生就业一直受到社会各界的广泛关注。每到大学毕业季，总有许多媒体报道师范生的就业问题，这使得师范生的就业在大学生的就业中具有标志性的特点。造成这种现象的主要原因是：其一，教育行业是人类常盛不衰的行业之一，是人类社会存在发展的必备行业，因此相对于其他行业，教育行业相对稳定，教育行业就业的情况往往意味着就业大环境的好坏；其二，师范生是一个庞大的群体，在大学生群体中占据一定的比例，因此师范生就业的情况也能从某个侧面反映大学生群体就业的情况。

第二，师范专业具有关键性。显然，对于大众来说，很少有人知道高校的具体专业，比如一般人说不上土木工程专业、精细化工专业、电气工程与自动化专业等，但几乎所有人都知道师范专业。师范专业对于广大群众来说，是普及率很高的专业，所以师范专业的就业情况，从某种意义上成为广大人民群众看待大学生就业情况的晴雨表。也就是说，在很多人的心里，师范生就业好，意味着大学生就业形势向好；如果师范生就业遇到了困难，那么证明大学生的就业情况十分不乐观。

第三，师范生产生的效应具有关键性。教育是基础的事业，不仅是各行各业人力资源培养的基础，在一定程度上也是地方经济社会发展的基础。因此，师范生的就业在某种程度上也有带动地方经济发展的效应。一方面，师范生会给就业地带来优质的教学资源，促进当地教育教学水平的提升，为当地培养更多优质的人力资源，产生"鸡孵蛋"的效果；另一方面，师范生就业地会因为优质师范生的到来而获益，可以利用师范生所具有的知识，促进当地的经济社会发展。由此可见，师范生不但能促进当地教育教学水平的提升，也可以为当地的经济社会发展带来更多的附加效应。

第四，师范生个人发展的关键性。师范生是国家培养的优质的教育人才，具有学科知识和教育知识的双重知识背景。如果师范生能够充分就业，充分实现自身的价值，那么将为培养人才、为社会发展服务。如果师范生不能够充分就业，不能够充分实现自身的价值，那么师范生将无法充分发挥自己的聪明才智，不仅对于人才来说是一种浪费，对于教育资源来说更是一种浪费。

1.2.2　政策性

师范生作为我国高等教育的一类特殊学生，其就业具有政策性的特点。师范生就业的政策性，在师范生的就业中有着充分的体现。事实上，国家一直非常关心师范生的就业问题，将师范生的就业问题与经济社会的发展通盘考虑，将师范生的就业问题作为解决教育公平问题、解决地区发展不均衡问题的重要推手。如国家的公费师范生政策，就是给予公费师范生相应的福利待遇，然后让公费师范生服务于社会，服务于需要的地区，来达到促进经济欠发达地区发展的效果。如师范定向招生的政策，是为了向教育薄弱地区实施政策倾斜，为教育薄弱地区培养师范人才。当定向师范生填报志愿的时候，就将未来的就业地点固定，作为师范生录取的重要依据，师范生毕业后，要到定向的地区或者单位服务一定的年限。也就是说，师范生就业不仅是一个简单的找工作问题，在政策层面，也是国家合理配置人力资源的一种方式，是国家发展区域经济、活跃区域文化、促进区域发展的重要举措。

对于师范生的就业情况，国家及地方政策起到了极其关键的作用。第一，国家及地方政策在一定程度上决定了师范生岗位的增减。如果国家及地方政策决定加大教育投入力度，那么就会提供更多的就业岗位，减轻师范生面临的就业压力。比如在教育政策中大力推进教育经济发展，同样会提供更多的就业岗位，给师范生的就业提供更多的机会。第二，国家及地方政策在一定程度上引导师范生就业。如果国家及地方政策能够提供一些优惠政策，比如解决教师的编制问题或者增加教师的福利（包括安家费），同时设置一些志愿项目来吸引师范生就业，比如有的偏远地区为了引进师范生设立的支教项目，那么可以促进师范生的就业。第三，国家及地方政策在一定程度上保障师范生就业。国家及地方政策对师范生就业的保障，通常体现在工作环境、工作岗位的稳定（如提供福利分房等），或者在良好的社会保障上，这也能让师范生安心就业。

对于师范生就业来说，研究国家及地方政策，可以发现有利于就业的因素和契机，有利于师范生选择就业方向、地点和岗位，对顺利就业和高质量就业有着重要意义。

1.2.3　针对性

师范生作为我国高等教育的一类特殊学生，其就业具有针对性的特点。师范生就业的针对性主要体现在以下几个方面。

第一，师范生就业的行业具有针对性。师范生就业的行业具有针对性，是指师范生主要就业的行业是教育行业。师范生从入学开始，其就业的目标非常明确。比如很多师范生从内心深处认定自己将来是一名教师，这使得师范生在学习生涯中，会按照教师的标准来要求自己。也就是说，与其他专业学生不同的是，师范专业学生在校期间就有一定的职业角色认同感，这是其他很多专业学生所不具备的。正是这种行业的针对性，使师范生在求学期间逐渐有了职业意识，并对自己的职业有了深刻的认同感，将教育行业作为自己将来从事的行业。

第二，师范生就业的岗位具有针对性。师范生就业的岗位具有针对性，是指师范生从事的工作岗位往往是固定的，这是目前教育学科化的表现，也是现代教育对于教师工作精细化的基本要求。比如在中小学的教学中，中文类师范生一般只能从事语文教学工作，数学专业师范生一般只能从事数学教学工作，物理专业师范生一般只能从事物理教学工作，体育专业师范生一般只能从事体育教学工作，等等。只有少数学科，教师可以兼职，对于大学多数学科来说，师范生都是术业有专攻的。这使得师范生在就业过程中，不仅确定了具体的行业，也确定了具体的岗位。随着教学的进一步细化，对不同阶段师范生的要求也产生了较大的差别，可以说是泾渭分明，比如小学和初中、初中和高中之间，教师很难进行流动，师范生在选择教育阶段的时候，也要深思熟虑。

第三，师范生就业的流向具有针对性。近年来，师范生就业的流向具有针对性的特点。比如大多数师范生总是流向大城市，很多师范生选择一线城市、中心城市和省会城市，比如北上广深等对教师的招聘条件达到了苛刻的程度，这也从一个侧面证明了在大城市师范生之间的竞争是多么激烈。与之相反的是，中小城市或者偏远地区，在招收师范生的时候存在着很大的障碍，教师的招聘工作很难充分而有效地进行，很多师范生拒绝去中小城市或者偏远地区工作，或者将中小城市、偏远地区当作备选。重点学校招聘教师时，师范生踊跃报名，岗位竞争异常激烈；一般学校招聘教师时，想招到合适的人才非常困难。师范生在选择学校的时候，出现了明显的倾向性。另外，大多数师范生都追求有编制的教师岗位，而对于没有教师编制的教师岗位有一定的排斥，这也使得师范生应聘有编制的教师岗位时特别"内卷"。

1.2.4　局限性

师范生作为我国高等教育的一类特殊学生，其就业具有局限性的特点。师范生就业的局限性主要体现在以下几个方面。

第一，从知识结构角度来看，师范生的知识结构使其就业存在局限性。师范专业主要涉及的学科是基础学科，而不是应用学科，师范生所学习的知识主要是面向未来的教学。在这种情况下，一旦师范生不能从事与教育行业相关的工作，那么从知识结构角度来看，师范生能够选择的就业面非常狭窄。也就是说，除了进入教育行业，师范生想要转行是相对困难的。

第二，从行业领域选择角度来看，师范生的专业性使其就业存在局限性。由于师范生在求学期间已经对自己的职业身份产生了比较坚定的认知，这使得师范生在毕业以后，如果不选择与教育相关的行业和岗位，在心理上很难接受其他行业和岗位，在职业角色认知上也很难适应其他职业和岗位。因此，对于师范生来说，如果不从事教育行业方面的工作，那么突破自己的心理是很困难的。如果让师范生离开与教育相关的岗位而从事其他行业，那么需要一定的心理调适，这无疑是一个挑战。

第三，从岗位选择角度来看，由于师范生的专业分科比较细，各个岗位之间的流动性比较小，师范生在选择岗位的时候有一定的局限性。比如某学校招聘一名语文教师，那么数学专业的师范生和英语专业的师范生很难应聘语文教师岗位。岗位的局限性使得师范生在选择岗位的时候，往往会出现不匹配的情况，这也影响了师范生的求职择业。

1.3　师范生就业领域

一般来说，师范生主要的就业行业是教育行业，主要岗位是教师岗位。但随着教育事业的不断发展，在教育行业中，需要师范生的领域、岗位逐渐增多，这使得师范生有了更多的选择。

1.3.1　各类学校

毫无疑问，各类学校是师范生就业的主要去向。学校是从事教育事业的专业机构，也是教育事业的载体，更是教育教学活动的场所。一般来说，师范生毕业的首要目标就是进入学校做教师。从目前来看，各级各类学校也是容纳师范毕业生的最主要的就业渠道。

第一，学前教育领域。学前教育是针对三到六岁的学龄前儿童开展的教育，学前教育阶段即幼儿的启蒙阶段，也是小学教育的预备阶段。以往，人们对学前教育的重视程度不够，在很多时候，人们认为幼儿园教师即学前教育教师并没有那么重要，其工作内容也就是哄哄小孩。在很长一段时间内，对学前教育教师专业性的要求并没有那么严格。但随着学前教育的发展，社会对学前教育的理解更加深入，学前教育逐渐被重视。在这种情况下，对学前教育教师的专业性也提出了更高的要求。因此，近几年学前教育专业的师范生有着较好的就业前景。

第二，基础教育领域。基础教育领域是目前师范生就业的主要领域。基础教育包括小学教育、初中教育和高中教育，对应的用人单位是小学、初中和高中。其中，小学教育阶段和初中教育阶段合称为义务教育阶段。在基础教育领域，为了满足分科要求，教师就业岗位以成为学科教师为主。在小学教育阶段，由于教学内容比较简单，一名教师可以胜任多个学科的教学工作，教师岗位相对较少。但在初中及高中教育阶段，由于学生所学的知识逐渐深入，分科逐渐细化，专业性逐渐增强，初中及高中教师秉承着术业有专攻的原则，进行分科教学，初中及高中的教师需求量较大。目前，我国许多师范院校和师范专业的师资培养都是面向基础教育阶段。随着基础教育的发展，除了学科教师，基础教育中的心理教师、生活教师、劳动教师等岗位也逐渐出现，为师范生就业提供了新的岗位。这里需要特别说明的一点是，近些年，民间资本成为办学的一个重要力量，在基础教育阶段，出现了为数众多的私立小学、私立初中和私立高中。这些私立学校的出现，也为师范生提供了众多的就业岗位，为师范生提供了广阔的就业空间。

第三，中等职业教育领域。中等职业教育领域是目前师范生就业的主要领域。目前，高校师范生的专业主要是面向基础学科的，中等职业教育领域中师范生就业的主要岗位也是基础学科。

1.3.2　课外教育机构

随着我国教育事业的发展，教育经济也蓬勃发展起来，成为我国国民经济发展的一个重要组成部分。在这种情况下，提供各类产品的各种社会教育机构如雨后春笋般发展起来。目前，我国各种教育机构数量众多，提供的教育服务内容丰富、种类多样，已经成为教育事业中不可或缺的一部分，在教育活动中发挥着越来越重要的作用。在社会教育机构蓬勃发展的今天，越来越多的师范生开始选择在社会教育机构任职，在崭新的天地发挥着自己的价值。从目前来看，社会教育机构一般有如下几种。

一是文化课辅导机构。文化课辅导机构是最常见的课外辅导机构。文化课辅导机构规模庞大、数量众多，是师范生就业的主要领域。一般来说，文化课辅导机构主要面向基础教育，包括针对文化课的各类补课班，也包括高考补习班。文化课与学生的学习成绩息息相关，与学生的升学挂钩，以提高成绩为目标，是学生和家长的刚需，因此发展势头较猛、发展较快，在很长一段时间内，都作为师范生的重要就业领域。但随着"双减"政策的实施，文化课辅导机构的发展减缓。未来文化课辅导机构还能不能成为师范生重要的就业领域，还需依据具体的政策调整。

二是专项辅导机构。专项辅导机构也是面向基础教育的辅导机构。不同于文化课辅导机构的是，专项辅导机构更侧重于提升学生的特长。有专项的体育训练，如足球训练机构、篮球训练机构、羽毛球训练机构、游泳训练机构、击剑训练机构等。也有专项的艺术培训机构，如钢琴培训机构、舞蹈培训机构、声乐培训机构、播音主持培训机构等。此外，针对艺术考试所成立的艺术培训机构也比较盛行。这些专项训练或培训机构不仅提高了学生的素质，也为学生上学提供了一种新的可能。从目前来看，专项训练或培训机构发展比较迅速，是目前师范生就业的重要领域。此外，一些书法培训、棋类培训等素质教育逐渐兴起，为师范生的就业提供了多种可能。

三是其他辅导机构。师范生可以到社会其他辅导机构（一般包括职业培训机构）从事文化课的教学工作或者教学辅助工作及管理工作，到考研辅导班、考级辅导班担任教学辅助工作或者管理工作等。

1.3.3 相关教育组织

相关教育组织是师范生就业的一个领域。这些组织一般包括：教育行政部门、教育科研部门（如各类教育研究院和教育研究所）、教育类社会服务组织（包括各种教育协会、教育研究会），师范生可以到教育行政部门从事管理工作；师范生具有教育学和心理学的基础，可以去教育科研部门从事科研工作或者管理工作；师范生可以去教育类社会服务组织从事管理工作或者服务工作。

1.3.4 其他就业领域

师范生可以在其他与教育相关的行业大显身手，从目前来看，有几个行业适合师范生就业。

第一，教育出版行业。与教育相关的出版成为主流。从当前的情况看，有一半以上的图书与教育相关。师范生可以投身于教育出版行业，成为教育类图书的策划人或者教育类图书的编辑，将自己所掌握的学科知识和教学经验融入教育类图书策划或编辑工作中，帮助更多的人提高学习效率，为传播知识做贡献。从目前来看，师范生在应聘的时候，既可以到与教育类图书出版相关的出版社应聘，也可以去与教育相关的出版公司应聘。

第二，教育咨询行业。师范生可以从事教育咨询工作，为学生及家长提供必要的教育咨询服务。比如，师范生可以为学生及家长提供留学信息的咨询服务，帮助学生去海外就读，拓宽学生的升学路径；为学生及家长提供教学方法方面的辅导，帮助学生提高教学成绩；为学生提供心理方面的调适，帮助学生摆脱心理方面的阴霾，重塑自我；为学生及家长提供诸如高考志愿填报等方面的咨询服务，帮助学生及家长更好地做出相关的决策。

第三，教育科技行业。目前，师范生可以进入教育科技行业工作。随着教育的发展，科技产品逐渐走入教育领域，教育科技行业逐渐兴起。师范生可以根据自己所学的知识，结合现代教育科技，研发适合学生的教育科技产品，为学生的学习助力。比如，师范生可以根据学科教学的情况，研发出更适合的教具；根据学科教学的情境，开发虚拟仿真教学产品；等等。随着现代教育科技的发展，未来的教育中将拥有越来越多的科技成分，教育科技也将逐渐成为一个新兴行业，师范生投身于教育科技行业，未来可期。

第四，网络教育领域。随着现代信息技术的发展、互联网的普及，网络教育领域成为目前新兴的教育领域，也具有较好的发展前景。师范生可以进入网络教育领域，利用网络教育平台，研发网络教育资源，或者开展在线教学、在线咨询、在线辅导，利用网络实现自己的价值。从目前来看，网络学习逐渐成为学生较为熟悉的一种学习方式，在此基础上，网络教育也会成为未来教育的一个主流趋势。对于广大师范生来说，参与网络教育大有可为。

1.4 促进师范生就业的意义

师范生是我国高校大学生的一个特殊类型；同时，师范生就业问题是目前我国高校大学生就业的一个突出问题。促进师范生就业，对于我国经济社会发展，对于我国教育事业的发展，对于师范生个人，均有着重要的意义。

1.4.1 有助于解决大学生就业问题

促进师范生就业是解决大学生就业问题非常重要的一个手段。师范生是一类特殊的大学生：一方面，师范生就业的领域是教育领域，是全民关注的领域，在很多人看来，师范生就业情况是大学生就业工作的风向标。在诸多媒体的报道中，师范生就业问题一直受到人们的广泛关注。同时，教育行业对于吸纳大学生就业具有类似海绵的作用。因此，师范生就业一般来说是比较容易的，如果政策导向合理，师范生就业是能够得到保障的，这也是师范生就业备受关注的一个原因。另一方面，师范生就业领域和就业岗位相对固定，而且与教育政策息息相关，从某种程度上看，师范生的就业情况能反映出我国教育行业和教育产业的发展情况。

因此，促进师范生就业，可以增强大学生就业的信心，为社会提供良好的就业舆论导向。同时，促进师范生就业，也可以让教育行业和教育产业更多地吸纳师范生，为大学生就业减轻压力。由此可见，促进师范生就业，是高校大学生就业工作的重点，也是高校大学生就业工作具有标志性的活动。

1.4.2 有助于促进教育事业、教育产业的发展

促进师范生就业有助于促进教育事业、教育产业的发展。

第一，促进师范生就业有助于促进教育事业的发展。促进师范生就业，可以为学校带来更多的新鲜血液，使学校的教师结构始终保持老中青相结合的合理结构，保证教育事业可持续发展。促进师范生就业，可以为学校带来更多新的观念、新的内容和新的方法，利用师范生所掌握的新理念对原有的教学理念、教学内容和教学方法进行一定的更新，保持学校教学的活力。促进师范生就业，可以促进教育事业发展，使教育事业不断转型升级，为更好地培养德才兼备的人才服务。

第二，促进师范生就业可以促进教育产业的发展。不仅是教育事业，教育产业也需要补充新鲜血液。随着我国人民生活水平的提高，对教育产品的需求也趋于多元化和精准化。在这种情况下，需要越来越多的教育从业者参与教育产业的转型升级。师范生作为教育专业的学生，可以参与教育产业的发展，将自己的学科知识、教育学知识与教育产业市场相结合，为教育市场提供更好的教育产品和教育服务，在产生经济效益和社会效益的同时，实现自我价值。因此，促进师范生就业是为教育产业提供养分的必要途径，也是教育产业可持续发展的关键所在。

1.4.3 有助于帮助师范生发挥自身价值

和其他学生相比，师范生有自身的特殊性。从成为师范生的那一刻起，很多师范生都将教育领域作为自己未来的工作领域，将教师作为自己的目标职业，并为之努力。促进师范生就业，有利于师范生走进教育领域，走上教师工作岗位，将自身所学到的知识技能应用于教育教学中，实现其梦想。因此，促进师范生就业，让更多的师范生走进教育领域，走上教师工作岗位，可以让师范生充分发挥专业优势、展示聪明才智，达到人尽其才、物尽其用的效果，在实现其自身梦想的同时，也最大化地发挥了其自身的价值，同时能让师范生为社会做出更大的贡献。

第2章 师范生就业 SWOT 分析

师范生就业是我国大学生就业的一项重要的工作内容，同时是我国大学生就业的一个特殊类型。要研究师范生就业，就要全面、系统、深入地对师范生的就业情况进行分析和考量，这样才能够清醒地认知师范生的就业情况。

2.1 师范生就业优势

与其他专业大学生相比，师范生有自身优势。这些优势成为师范生就业的重要推力，也为师范生就业提供了更多的机会。

2.1.1 教师是人类社会始终需要的职业

事实上，职业并不是一成不变的，很多职业随着时代的变迁而变迁，随着社会的发展而变化。在经济社会不断发展、不断变迁过程中，新职业会不断出现，旧职业也会不断消失。在农耕文明时期，职业的类型相当单调，那个时候的主要职业是农民。除农民之外，最主要的行业是手工业，例如木工、瓦工、泥水匠和石匠等，也有一些人从事医生职业。当然，在农耕文明时期，教师这个职业已经出现。随着现代科技的发展及经济社会的发展和进步，以农民和手工业者为主的传统职业开始转型或者消失。今天，在农业科技加持下，传统的农民已经向科技型农民转变，如今的种田不再需要锄地等精细的人工劳作，而是使用大型农业机械进行播种、收获，即使打农药这样的操作，也可以完全依赖无人机。随着工业化大生产的出现，传统的手工业者也开始逐渐消失，很多地方的手工业工作已经被机器取代。这充分说明，随着时代的发展，职业也是在不断发展的。不仅科技可以影响职业的发展，生产成本和管理模式也会影响职业的发展。例如，在家用电器产量低、价格高的年代，修理家用电器是一个非常普遍的职业，但随着家用电器产能的增加，价格逐渐降低，相对而言，家用电器的维修费显得过于高昂，这个时候，人们往往会选择更换电器，而不是维修家用电器，这在客观上造成了维修家用电器职业的消失。还有，我国是自行车大国，自行车在我国居民的日常交通中非常重要，这使得修理自行车成为一个重要的行业。但随着共享单车的出现，自行车的修理成为一项集中的工作，个人对自行车的需求量也开始减少，这使得个人修理自行车的市场面临萎缩，个人修理自行车的职业也逐渐减少。随着机械自动化程度的提高和人工智能的发展，很多生产业、制造业甚至服务业都开始提高自动化水平，使用人工的岗位越来越少，很多人工从事的工作最终退出了历史舞台。科技的发展从客观上造成了大量职业的消失。很多从事第一产业和第二产业的人们，不得不放弃原来的工作，集中在第三产业，为社会提供着各种各样的服务。

与很多职业不同的是，教师的职业历经技术的变迁，并没有受到特别严重的影响。事实上，教师的职业从古至今都在。在古时候，除了官学的教师，更多的是私塾的教师。在古代以民间私塾为主的时候，私塾先生作为早期的职业教师，遍布全国各地。1912 年以来，各地兴办学校，以学校为工作单位的职业教师大批出现。与此同时，培养职业教师的师范院校也开始兴起，这些师范院校培养了大批师范生，为新式教育的发展注入了新的活力，成为振兴教育的后备力量，最终成为教育发展的主力军。新中国成立后，国家非常重视师范教育的开展，在各地兴办了大批师范院校，为我国教育的发展培养了大批人才，促进了我国教育事业的振兴。由以上内容不难看出，教育的发展促进了教师的职业化，教师的职业化催生了师范院校和师范教育，师范院校和师范教育的发展，培养了大量优秀的师范生，推动了现代教育的系统化和规模化。也就是说，在我国教育发展过程中，师范院校和师范生与教育的发展是分不开的，是相辅相成的。

今天，教师作为备受尊敬的职业，成为传递知识、培养人才的重要力量。不难发现，教师这个职业具有特殊性，可以说，教师是传递人类文明火炬的火炬手。教师不仅是人类文明传承的重要职业，也是整个社会最为重视的职业之一，并经久不衰。师范生作为教师职业的后备从业者，在职业市场上备受关注，这是师范生就业的优势。

2.1.2　师范生有着广阔的就业空间

从目前来看，师范生有着广阔的就业空间。通常情况下，一提到师范生就业，总会想到师范生未来的就业岗位是教师。但事实上，从今天的发展来看，师范生就业岗位不仅是教师岗位，与教育相关的岗位均可以成为师范生就业岗位。因此师范生有着广阔的就业空间。

其一，教育的精细化增加了师范生的就业机会。近年来，国家非常重视教育的开展，在学校教育中，班级规模开始缩小，师生比开始降低。这也意味着，每名老师所面对的学生的数量在减少。在这种情况下，势必增加教师的工作岗位。打一个比方，如果原来的教学班是每班 60 人，设一名班主任，那么现在的教学班是每班 30 人，同样也设一名班主任。那么毫无疑问，班主任的就业岗位会增加一个。这也在一定程度上增加了师范生就业机会。

其二，教育发展的不均衡增加了师范生的就业机会。虽然近年来，师范生就业难的新闻屡见报端。但仔细观察不难发现，凡是提到师范生就业难的地区，往往是经济发达的地区，比如北上广深等一线城市、经济发达的沿海城市、国家级中心城市、省会城市等。这些经济发达地区的学校数量毕竟有限，且汇聚了来自区域内外的众多师范生，而应聘岗位是有限的。在这种情况下，很容易产生师范生就业难问题。但事实是，我国广大的中小城市和偏远地区，教师岗位依然有很大的缺口。如果师范生能够去中小城市或者偏远地区就业，同样可以获得成为教师的机会，在教师岗位上发光发热，为教育事业做贡献。

其三，教学内容的多元化增加了师范生的就业机会。近年来，基础教育领域出现了一些新的课程内容，一些原有的课程内容也得到高度重视。在这种情况下，学校的教学内容开始多元化，对教师的需求量开始增加，这给师范生就业提供了更多的机会。比如，有的学校为了提高学生的综合素质，开设了书法课、围棋课等有益于学生身心发展的课程；有的学校为了提高学生的心理素质，加大了心理健康教育的力度，并设置了心理咨询室，这促进了师范生特别是心理专业师范生的就业；有的学校开设了编程课程，这有利于计算机专业师范生参与教学活动；有的学校开设了劳动教育课程，这为师范专业学生提供了就业岗位；有的学校重视社会实践课程，同样需要专门的社会实践老师来参与教学活动。教育的多元化增加了师范生的就业机会，丰富了学校教育的内容，保持了学校教育的良性发展。

除此之外，师范生还可以在教学以外寻找就业的机会。事实上，师范生具有教育学和心理学的基础，只要与教育相关的岗位，都可以很好地胜任。比如，师范生可以在寄宿学校当宿舍老师，可以作为学生管理老师，可以在教育行政部门任职，可以在教育类的社会服务组织任职，也可以去各类教育培训机构与教育公司任职。

综上可以看出，当前的师范生依然有着广阔的就业空间，师范生只要做好规划、积极争取，依然有很多机会可以争取到适合自己的岗位。

2.1.3　师范生有着专业性和排他性

师范专业的专业性和排他性是师范生在就业竞争中的优势所在。

与所有专业一样，师范专业有自身的专业性，这充分体现在师范生身上。师范生的专业性体现在两个方面。第一，师范生本身的知识结构具有学科性，通常针对某一学科，比如师范生的专业通常联系到一个基础学科，如语文、英语、物理、化学、历史、政治、生物、地理等，所以说，师范生的学科知识是与某一个基础学科相对应的；同时，师范生又具有教育学、心理学等教育学科的知识，这使得师范生成为既懂学科知识又懂教育知识的复合型人才。第二，师范生在校期间经过系统的教学方法训练，掌握了科学有效的教学方法，并且在实习期间，通过实践锻炼，积累了一定的实践教学经验，这使得师范生能够满足教师岗位的需求，这是其他专业毕业生所不具备的。此外，在诸多教学细节方面，师范生也受过良好的训练，比如在板书、普通话和与学生沟通方面，师范生经过理论学习和实践训练，体现出较高的素质。

26

同时，师范专业有排他性。我国的教师岗位采用的是准入制度，从事教师岗位必须具有教师资格证。教师资格证目前属于社会职业资格考试的一部分。师范生在校期间，往往针对教师资格证的考试受过专门的训练与辅导，因此师范生获得教师资格证的比例要远远高于其他院校的学生。在学校招聘教师的时候，要求应聘者具有教师资格证是硬性条件。师范生普遍拥有教师资格证，这使得他们在竞聘教师岗位的时候，具有较明显的竞争优势。正是由于师范生普遍拥有教师资格证这一应聘教师岗位的必备证件，使得师范生在参与教师岗位应聘的时候具有很强的排他性，这是师范生核心竞争力的体现。

2.1.4　师范生就业有各类就业政策扶持

教育是一项重要的公共事业，教师是国家教育事业发展的人才核心。师范生作为未来教师的主要来源，深受国家及地方各级人民政府的重视。对于师范生就业，地方各级人民政府往往有扶持政策。比如对于公费师范生、定向师范生，国家在待遇方面均有所倾斜。此外，为了促进师范生就业，各级政府还制定了一些志愿性质的支教政策，这些政策可以为师范生就业提供一些选择。中小城市和偏远地区，在吸引师范生就业的时候，地方人民政府往往会出台更为优惠的政策，比如解决师范生就业时的编制问题，给予师范生更高的待遇，将师范生作为重点人才引进，等等。如果师范生在就业的时候能够更好地关注政策、分析政策、解读政策，并参考政策做出就业选择，那么不仅能在就业过程中获得更多的就业机会，而且能获得更多的政策扶持。所以，相比其他专业的学生，师范生就业有着更为明显的优势。

2.2　师范生就业劣势

虽然和其他专业的学生相比，师范生在就业时拥有一些优势，但是不可忽视的是，师范生在就业时同样有一些劣势，这成为师范生就业的重要阻碍。

2.2.1 师范生的就业领域较为固定

师范生的就业领域具有针对性，也就是说，师范生的就业大多围绕教育领域，或者说，师范生面向教师岗位实施就业活动。不难发现，虽然师范生就业领域明显是一种优势，但就业领域相对较窄。学校从师范生入学开始，就是按照教师岗位的要求来培养他们的。很多师范生在心理上暗示自己应该成为一名教师，因此在成长过程中，也是按照教师的职业角色来要求自己的，这使得很多师范生在知识结构及心态上并不适合教师以外的职业。

从知识结构上看，和其他专业相比，师范专业往往侧重的是教师岗位，而不是专业产业链，因此，师范生学习的学科知识相对基础，这使得师范生在就业的时候缺乏足够的空间。以化学专业为例，与化学有关的师范专业往往强调的是理论知识，很少联系实际应用。但其他化学专业则面向化学产业，学习的化学知识更侧重于实际应用。与应用相关的化学专业毕业生可以参加化学品的研发，成为研发人员；可以参与化学品的生产，成为生产人员；可以参与化学品的技术维护，成为技术人员；可以参与化学品的检测，成为检测人员；可以参与化学品的销售，成为销售人员。那么，在整个化学品的产业链中，与应用相关的化学专业毕业生可以从事产业链中的某一部分，就业面非常广。但对于化学专业的师范生来说，知识结构过于倾向理论知识，很难在专业行业领域就职。

同样，报考师范院校的学生，在心态上也不容易接受教师岗位以外的工作。师范生是高校的一类特殊的学生，和其他专业的学生相比，师范生在报考的时候，就清晰地知道未来的就业岗位，与之相类似的还有医学专业。也就是说，报考师范院校的学生，通常较为坚定地认为自己会成为一名教师，所以在心态上，很多师范生并不接受教师以外的工作岗位。部分师范生甚至只接受有编制的教师岗位，对于编制外的教师岗位兴趣不大。这使得部分师范生在就业的时候，有着沉重的思想包袱，不愿意参与自主择业，不愿意面对激烈的竞争。在当下教师岗位有限的情况下，这类师范生如果找不到合适的教师岗位，往往不愿意去其他岗位就职，就业会陷入困境。有的师范生一味强调以教师岗位为目标，不考虑大的就业环境，往往也会错过就业的最佳时机。

此外，受学科的限制，师范生很难跨学科就业，这使得师范生在寻找工作过程中，会遇到专业不对口的情况。比如对于一名中文专业的师范生来说，最适合他的岗位是语文教师，但如果他要应聘的学校语文教师是满额的，那么这名中文专业的师范生在短时间内很难获得语文教师的岗位。这种需求上的结构性问题也会影响师范生的就业。从目前来看，在小学阶段，部分教师跨学科就业是可以实现的；但在初中及高中阶段，师范生跨学科就业几乎是不可能的。

2.2.2　师范生就业面临着供需关系失衡问题

从目前来看，师范生就业面临着供需关系失衡的问题。众所周知，作为师范生用人单位的学校的规模往往是固定的，即使有所扩张，也很难出现爆发式增长。所以一般情况下，每年学校需要的师范生的名额往往是固定的。对于很多学校来说，有编制的教师名额更是固定的。在这种情况下，只有在岗教师退休或者有教师离校，学校才会腾出新的招聘名额。因此，不难看出，学校很难出现大规模招聘教师的情况。这给师范生就业提出了一个问题：究竟有没有足够的岗位容纳这么多的师范生？对于师范生的目标地区、目标学校究竟还有没有与自己相匹配的就业名额？

事实上，师范毕业生的数量要远远大于学校腾出来的教师名额。一方面，随着高等教育的扩招，师范院校、师范专业也进行了扩招，这使得师范毕业生的人数每年都在增加，大量师范毕业生涌入市场，大多数偏向教师岗位，造成"内卷"。另一方面，可以算一笔账，如果一名师范生 20 岁左右毕业，到 60 岁左右退休，工作时间大约需要 40 年。在这大约 40 年的时间内，这名教师可以在岗位上发光发热。从这里不难看出，学校教师的更替速度远远低于师范生的培养速度。固定的教师招聘名额与不断培养的师范生之间产生了一定的供需关系的紧张。也就是说，学校较为固定的教师招聘名额并不能满足不断培养的师范毕业生的需求。

在这种情况下，教师岗位的招聘名额往往会越来越少，而社会上师范生的存量会越来越多。应届师范毕业生不仅需要互相竞争，还要与往届师范毕业生甚至在岗的教师进行竞争，这使得应届师范毕业生的就业压力增大。

2.2.3　应届师范毕业生在就业竞争中的竞争力不如在岗教师

在求职择业过程中，应届师范毕业生在就业过程中会处于劣势。我们可以清楚地看到，应届师范毕业生在竞争教师岗位的时候，其竞争对手不仅有其他应届、往届师范毕业生，还有其他学校想跳槽的在岗教师和来自社会辅导机构的在岗教师。与这些在岗教师相比，应届师范毕业生在就业竞争中有如下几个劣势。

其一，应届师范毕业生思想方面不够成熟，情绪不够稳定，做事不够沉稳，试错成本较高；而来自其他学校或者社会辅导机构的在岗教师，思想方面更成熟，性格比较稳定，做事比较沉稳，试错成本低。

其二，从教育知识来说，应届师范毕业生的教育知识虽然很系统化，但是并未经过相应的累积和打磨，短时间内还很难有效地应用于教育教学；而来自其他学校或者社会辅导机构的在岗教师，经过了一段时间的教育教学工作，其教育知识经过了累积和打磨，能够在教育教学中有效地发挥作用，同时更具自身的特色、更贴近教育的实际。

其三，从教学经验来说，虽然应届师范毕业生经历了教育教学的实习，但教育教学的实习与真实的教学工作相比，其强度和真实性还有一定的差距，他们并不具备真正意义上的教学经验；而来自其他学校或者社会辅导机构的在岗教师，经历了真实的教育教学工作环境，具有真实的工作经验，能够处理教育教学中的基本事务和突发情况，在适应教师岗位方面更显得得心应手。

其四，在处理各方面关系的时候，应届师范毕业生往往缺乏处理人际关系的经验，在处理与学生、家长及同事之间关系的时候，往往会因为没有经验而显得局促，甚至会出现关系紧张的情况；而来自其他学校或者社会辅导机构的在岗教师，长期在教育教学环境中工作，他们更容易处理与学生、家长及同事之间的关系，也能较快地融入工作环境。所以，不难看出，应届师范毕业生很难在短时间内进入工作状态；而其他学校或者社会辅导机构的在岗教师，可以很快进入工作状态。所以，在教师岗位的竞争中，应届师范毕业生相比其他学校或者社会辅导机构的在岗教师具有一定的劣势，这也是应届师范毕业生在就业过程中面临的一大难题。

2.2.4　师范生就业扎堆现象

近年来，由于各地区发展不平衡、行业发展不平衡，大学生就业过程中出现了扎堆现象。对于师范生就业来说，同样存在扎堆现象，这种扎堆现象不仅反映了就业岗位资源的稀缺，也对师范生就业造成了一定程度的阻碍。从目前来看，师范生就业扎堆现象主要有以下两种表现。

其一，师范生就业在地域选择上出现了扎堆现象。从目前来看，我国的经济发展仍然存在着不平衡现象，比如城乡发展不平衡、东西发展不平衡、大城市和中小城市发展不平衡。在这种情况下，很多师范生在就业上总是选择一些热门地区，如北上广深等一线城市、一些国家级中心城市或者省会城市。在这种情况下，这些城市的教师招聘工作竞争激烈，出现了"内卷"现象，而中小城市和偏远地区的教师岗位冷清许多。很多师范生在就业的时候，往往不考虑中小城市和偏远地区，使得中小城市和偏远地区的教师岗位往往出现了招聘困难现象。

其二，师范生就业在学校选择上也出现了扎堆现象。随着教育的发展，即使在同一地区，学校之间的差距也逐渐拉大，出现了重点学校和一般学校的区别。从目前来看，重点学校和一般学校在教学资源上有着较大的差异，因此，在社会声望、资金投入、教师待遇方面也有着明显的差异。重点学校要比一般学校投入多、社会声望高、教师待遇好、招生容易。很多师范生并不满足在一般学校就业，而一味地追求重点学校，导致就业困难。

由此可以看出，竞争激烈的地方难以获得就业机会，竞争不激烈的地方又难以获得人才，从而导致师范毕业生就业遇到了结构性的问题。

2.3　师范生就业机遇

虽然目前大学生的就业遇到了重重困难，但对于师范生来说，其就业仍有一些机遇。

2.3.1 社会对教育的重视

随着我国经济社会的发展，社会各界越来越重视教育，这使得教育的规模逐渐扩大、教育的投入逐渐增加，这也为师范生就业创造了更多的机会。

从国家角度来说，国家非常重视教育的发展。近些年来，国家一直在教育上加大投入力度，提升教育的质量，扩大教育的规模。在很多地区，国家拨款对陈旧的教育设施进行了改造，对中小城市及偏远地区的教学设施进行了升级，中小城市和偏远地区的教学环境得到了极大的改善。在这种情况下，中小城市和偏远地区的很多学校已经拥有了与大城市相近的教育教学环境。所以，在办学条件、办学设施上，我国的教育条件已经得到了极大的改善，这也使师范生获得了更多的就业选择。

从社会角度来看，社会各界非常重视教育的发展。除了具有公益性质的学校的创办，民办资本也开始介入学校的创办。这些学校的设立为师范生提供了更多的工作岗位。从目前来看，有相当数量的师范毕业生在公益性质的学校从事教育教学活动，或者在民办学校担任教师。

从家庭角度来看，目前家庭非常重视孩子的教育。除了在学校的必要投入，家长也在购买教育产品方面加大投入力度。比如有的家长购买各类课外培训课程来提升孩子的综合能力。家长在孩子学习上的巨大投入，创造了更多的就业岗位，有利于师范生就业。

2.3.2 学校课程细分与拓展

学校课程细分与拓展，在提高课程质量和教学质量的同时，也为师范毕业生创造了更多的就业机会。

一方面，学校课程细分为师范毕业生创造了更多的就业机会。从目前来看，学校课程有细分化的趋势。也就是说，在学校的教学中，将学科细分为若干个板块进行专项训练，来提高学生的学习成绩和学习质量。比如，在语文教学中，阅读和写作原来是在语文课堂上进行的，而现在阅读和写作有逐渐独立的趋势，部分学校专门设立了阅读课程和写作课程，并专门设置了阅读教师和写作教师。这样就为师范生提供了更多的岗位。

另一方面，学校课程拓展为师范毕业生创造了更多的就业机会。随着经济社会的发展，学校的课程也要进行不断的调整。比如，为了加强中小学生的劳动能力，学校系统地开设了劳动课程，劳动课程的开设需要有专门的劳动教师；为了加强中小学生的实践能力，有的学校开设了社会实践课程，社会实践课程的开设需要有专门的实践教师；有的学校开设了编程课程，这就需要有专门的编程教师。由此可见，学校课程在不断拓展，客观层面上也提供了相应的教师岗位，对于师范毕业生就业来说无疑是一种利好趋势。

2.3.3　学生学习内容丰富

学生的学习内容已经逐渐摆脱了文化课学习的单一模式，向多元化模式发展。在这种情况下，学生要学习多种内容，需要不同专业的教师来进行指导，这无疑增加了教师岗位的数量。

其一，在很多学校，素质教育的推广，使原本被认为是副科的课程得到了相应的重视，比如常见的音乐课、美术课、体育课等，副科的教师岗位不断增加，为师范毕业生提供了更多的就业机会。随着素质教育的开展，很多学校招聘了很多专业的教师，来提高这些课程的教学质量。

其二，很多学生目前在学校外的培训机构就某一方面进行强化，这也增加了师范生就业的岗位。比如有的学生梦想成为一名音乐家，在学校外的培训机构学习钢琴，这样增加了钢琴教师的就业岗位；有的学生梦想成为一名画家，在学校外的培训机构学习美术，这样增加了美术教师的就业岗位；有的学生梦想成为一名舞蹈家，在学校外的培训机构学习舞蹈，这样增加了舞蹈教师的就业岗位；有的学生为了强身健体，在学校外的培训机构学习专项的足球、篮球、乒乓球、羽毛球、游泳等，这样无疑会增加体育师范生就业的岗位。此外，在学校外培训机构中，还有很多益智（如围棋、速算等）的培训课程，这样的课程同样会增加教师的就业岗位。学校外培训机构作为学校内教育的补充，在学生成长过程中起到了关键的作用，同时解决了大量师范毕业生的就业问题。

其三，随着人们对教育质量、生活质量的关注，各类为学生提供咨询服务的教育咨询机构应运而生，这些教育咨询机构同样可以接纳大量的师范毕业生。比如有的教育咨询机构针对学生的心理问题进行专业的辅导，有的教育咨询机构针对紧张的亲子关系进行专业的调整，有的教育咨询机构针对学生在学习中的困惑给出合理的方案，有的教育咨询机构针对学生成长中的困惑进行答疑。

2.3.4　办学机构逐渐增多

近年来，办学机构的逐渐增多，为师范生就业提供了更多的岗位。从目前来看，学校外的教学机构主要有以下三类。

首先是民办教学机构。其一，民办学校。近年来，民间资本逐渐介入教育领域，创办了许多民办学校，这些民办学校成为师范生就业的重要选择。民办学校大致有以下四类：一是民办幼儿园，目前民办幼儿园在幼儿园中的占比很大；二是民办小学，目前民办小学蓬勃发展，很多民办小学还采用了寄宿的形式；三是民办初中，民办初中是目前民办学校中数量较多的一种，拥有很强的竞争力；四是民办高中，民办高中为有着大学梦的学生提供了另外一种路径。其二，民办辅导机构。民办辅导机构一般分为文化课的民办辅导机构及艺术和兴趣类民办辅导机构。这些民办辅导机构数量众多、规模庞大，是师范毕业生就业的重要蓄水池。应该说，有相当数量的师范毕业生初次工作是在民办辅导机构。一般情况下，民办辅导机构有着固定的场所。但有的时候，民办辅导机构也向学校出售课程，比如有的民办辅导机构向学校出售书法、美术等课程来弥补学校课程资源不足、教师资源不足。

其次是职业教育机构。职业教育机构是培养职业人才的培训机构，是我国学校职业教育的重要补充。师范毕业生可以去职业教育机构任职，担任文化课教师或者从事管理工作。从目前来看，师范生去职业教育机构任职的数量还很少。在未来，职业教育机构有望成为师范生就业的重要领域。

最后是考试培训机构。各种各样的考试培训机构拥有广阔的教育市场，可以提供数量众多的就业岗位，也是师范毕业生求职择业的重要领域。比如公务员考试的辅导机构、外语考试的辅导机构、考研的辅导机构、各类职业资格证书考试的辅导机构等，这些考试辅导机构有着稳定的客户市场，能够为师范毕业生提供稳定的就业岗位。

2.4　师范生就业挑战

虽然目前师范生的就业存在着一定的机遇，但也面临着巨大的挑战。

2.4.1　教育政策的调整

一般来说，政策的调整对师范生就业的影响较大。从目前来看，国家的"双减"政策对师范生就业的影响较大。所谓"双减"政策，是指国家提出"有效减轻义务教育阶段学生过重作业负担和学校外培训负担"的政策。"双减"政策的出台，有效减轻了义务教育阶段学生过重的作业负担，同时减轻了义务教育阶段学生过重的学校外培训负担。但在客观上，对师范生就业却有着很大的影响。随着"双减"政策的实施，很多以文化课辅导为主的学校外辅导机构纷纷转型，有的学校外文化课辅导机构离开了教育领域。同时，家教市场也因为"双减"政策的实施，开始逐渐萎缩。事实上，从近几年师范生就业情况来看，很多师范生毕业以后的初次就业单位，往往是以学校外辅导机构为主，部分师范生也从事家教工作。"双减"政策的实施，使得学校外辅导机构和家教市场能提供的教师岗位锐减，师范生对口的教师岗位数量急剧减少。"双减"政策使原有的学校外辅导机构转型或者离开教育市场，原有的学校外辅导机构教师也流入就业市场，和应届师范毕业生一起竞争有限的学校教师岗位，而学校外辅导机构的教师具有一定的教学经验，在与应届师范毕业生的竞争中占据一定的优势，这使得应届师范毕业生的就业空间再度被压缩。由此可见，随着"双减"政策的出台，师范生的就业正在经历着阵痛，就业压力开始增大。

2.4.2　人口结构的变化

人口结构的变化是目前师范生就业的不利因素。目前，我国处于老龄化社会，在整个社会的人口结构中，老年人正逐渐增多。而另外一个不利因素是出生率在降低，也就是说，我国的新生儿出生人数正在逐年递减，新生儿的出生数量远远低于我国的预期出生率。出现这种现象的原因主要有以下几点：第一，目前青年人生育观念淡薄；第二，目前的生活压力较大，很多人认为抚养孩子是沉重的负担，因此不敢生；第三，受多年以来计划生育政策的影响，大家在观念里已经认同没有必要多生孩子，虽然目前我国的政策鼓励生育，但就目前来看，产生的效果并不明显。因此，从宏观角度来看，我国的人口结构依然向老龄化发展，人口老龄化、出生率降低的趋势非常明显。

人口老龄化、出生率降低的趋势对师范生就业有着重大的影响。因为教育活动的教育对象是人，如果出生率降低，那么入学的人数势必减少，教育的规模就会缩减，教育的市场就会萎缩。在这种情况下，对教师的需求量势必减少，学校能够提供的教师岗位势必减少，甚至可能出现学校在岗教师数量过剩的情况。如果这种情况出现，那么应届师范生就很难找到合适的岗位。从目前来看，出生率降低已经影响学校教育。在中小城市、乡村和偏远地区，由于出生率降低、生源不足，很多中小学出现了合并现象。如果出生率低的问题不得到有效的缓解，那么在未来，师范毕业生的就业岗位将极其有限，这也是师范毕业生就业所面临的重大挑战。

2.4.3 其他专业人才的竞争

近年来，大学生就业已经成为一个非常严峻的社会问题。大学生就业压力大、就业岗位少的状况没有得到有效的缓解。教师岗位有着良好的社会声望、稳定的收入，因此成为社会上较热门的就业岗位。在这种情况下，非师范专业毕业生也想加入教师队伍，参与同师范生就业的竞争中，给师范生就业造成了巨大的压力。目前，教师资格证是通过面向社会层面的教师资格考试获取的，因此，非师范专业学生也可以通过教师资格考试获取教师资格证。在这种情况下，很多其他专业学生通过教师资格考试获取了教师资格证，成为师范生就业的直接竞争对手。从近几年师范生就业情况来看，很多重点高校甚至名校毕业生，也加入了教师岗位的竞聘。这些毕业生有着更好的名校背景，给师范毕业生就业造成了巨大的冲击。

2.4.4　学历提升的挑战

近几年来，由于教师岗位被大家认可，教师岗位的应聘竞争激烈，对学历要求越来越高。事实上，一般师范生的学历是本科或者专科。但从目前来看，很多获得研究生学历的毕业生参与了教师岗位的竞聘。在竞争教师岗位时，获得研究生学历的毕业生具有相当明显的学历优势。从目前来看，在学前教育阶段，竞聘教师岗位的竞聘者还是以本科生和专科生为主。在小学阶段，竞聘教师岗位的竞聘者已经逐渐由本科生向硕士研究生转变。到初中阶段，竞聘教师岗位的竞聘者基本以获得硕士学位毕业生为主。到高中阶段，竞聘教师岗位的竞聘者除了获得硕士学位毕业生，还有获得博士学位毕业生。这种情况对学历较低的师范生而言是极其不利的。因此，很多师范生选择继续考研深造，以求在就业市场中保持一定的学历优势。

第 3 章　师范生学科知识能力提升

一般来说，师范生的就业岗位主要是教师岗位，而教师岗位主要从事的教育教学活动是学科教学。也就是说，大多数师范生毕业之后都要从事学科教学工作。因此，丰富的学科知识对于师范生就业显得至关重要。

3.1　师范生学科知识主要内容

从目前来看，师范院校和师范专业所培养的师范生，大多要从事基础性强的学科教育，这就要求他们具备扎实的学科知识。学校在招聘教师的时候，也要对应聘者进行学科知识的全面考查，这样才能保证应聘者有能力胜任教师岗位，做一名合格的教师。

3.1.1　师范生学科知识的主要范围

从目前来看，师范院校和师范专业所涉及的专业主要有汉语言文学专业（中文专业）、外语专业（主要包括英语、日语和俄语专业）、历史专业、思想政治教育专业（即政治专业）、生物专业、地理专业、数学专业、物理专业、化学专业、美术专业、音乐专业、体育专业、心理专业等。这些专业对应着相应的学科，师范生学习这些专业，就要了解这些学科的内容，才能在未来的学科教学中得心应手。

3.1.2　学科的发展历史和背景

对于师范生来说，了解学科的主要内容，首先要了解学科的发展历史和背景。第一，师范生应该了解学科的发展，从学科发展的源头、学科知识所要解决的问题入手，学习学科的发展历史，从时间维度了解学科发展的脉络，同时要了解世界各地的人们为学科发展所做的贡献，了解学科发展历史上的重大事件和重要人物，这样才能鲜活地了解学科。第二，师范生应该了解学科发展的背景，了解学科发展的背景就要将学科的发展放到具体的社会中，了解当时社会对学科的需求和促进学科发展的动力，这样才能从社会角度全面认识学科的发展。

了解学科的发展历史和背景，对于师范生未来从事教学工作非常有利。一方面，师范生了解学科的发展历史和背景，在教学的时候，可以旁征博引，将枯燥的学科教学涂上鲜活的色彩，让学和教更具趣味性，更能吸引学生的注意力，从而让学生爱上学科，提升学科的教学质量。另一方面，师范生了解学科的发展历史和背景，可以充分利用学科的发展历史和背景的材料，如学科发展历史上的重要人物、重大事件及其所反映的精神，对学生进行精神层面的教育，也就是开展基于学科教学的课程思政。由此可见，了解学科的发展历史和背景，对于师范生未来从事教学工作至关重要。

3.1.3　学科的知识框架和板块

了解学科的知识框架和知识板块，对于师范生提升自身的学科知识能力具有重要意义。师范生应该充分认识了解学科的知识框架和知识板块的重要性，有意识地了解学科知识的框架和知识板块。

学科的知识框架是对一个学科结构的基本描述和基本认知，对于全面掌握学科特点至关重要。师范生只有了解了学科的知识框架，才能够从全局、整体认识学科的知识内容，才能全面地把握学科的知识内容。了解学科的知识框架，对于师范生掌握学科知识有以下两个方面的好处。其一，了解学科的知识框架，有助于师范生了解知识点之间的先后顺序和内在逻辑，从而全面、系统地了解学科知识，并且在此基础上，构建属于自己的学科知识体系。其二，了解学科的知识框架，有助于师范生根据学科的知识框架，进一步对照自己的知识体系，对学科知识体系进行查漏补缺，从而进行有针对性的补充，逐渐完善自己的学科知识体系，进而提高学科知识水平。由此可见，师范生了解学科的知识框架，相当于认识学科知识的体系，对于制订学科的学习规划、确定学科学习重点、全面提高学科知识能力有着重要的意义。

学科的知识板块是对一个学科知识的划分，是对学科整体知识的有规律的分解，因为学科知识的细化，更有利于学科知识的消化、吸收。事实上，学科知识往往覆盖大量的学科知识内容，如果不将学科知识内容进行细分，那么学习起来会感觉任务繁重，而且没有章法。了解学科的知识板块，有助于师范生根据学科的知识板块，有计划地设计自己的学习任务，集中学习精力，深入学习学科知识。了解学科的知识板块，师范生要从以下两个方面入手：其一，师范生应该了解学科的内容板块，也就是说，师范生应该了解学科分为多少个领域和方向，比如对于物理学来说，可以分为力学、热学、电磁学、光学和原子物理，当然还包括现代物理学、量子力学和相对论，在了解学科的领域和方向的基础上，师范生可以根据学科的知识板块的特点，有针对性地进行学习，提升学习效率。其二，师范生应该了解学科的功能板块，也就是说，师范生应该了解学科有多少功能的体现，比如在物理学中，有的物理知识偏向于认识世界，有的物理知识偏向于改变世界，有的物理知识偏向于规律性的认识，有的物理知识可以支撑技术的发展。认识不同学科的知识功能的板块，可以帮助师范生从另一个角度认识一个学科，并丰富自己的学习内容。

3.1.4　学科知识重点和难点

师范生了解学科知识的重点和难点，对提升自己的学科知识水平和未来的学科教学能力，都有着重要意义。

一方面，要在全面认识学科知识体系的基础上，了解学科知识的重点。了解学科知识的重点有以下两个好处：其一，可以在学习学科知识的时候，有针对性地对重点的学科知识进行深入挖掘和探索，强化重点知识的记忆、理解和应用，提高自身的学科知识水平；其二，可以在未来教学的时候，有针对性地围绕学科知识的重点，设计教学内容、选择教学方法、创新教学手段，有效提升学科教学水平。

另一方面，要在全面认识学科知识体系的基础上，了解学科知识的难点。了解学科知识的难点有以下两个好处：其一，可以在学科知识学习过程中，对学习的难度有一个预判，并集中精力解决学科知识的难点问题，有效赶走学习路上的拦路虎，从而提升学科知识的水平，完善自己的学科知识体系；其二，可以在未来学科教学过程中，有效地把握学科教学中的难点，寻找解决学科教学知识难点的办法，并与学生分享解决难点问题的心得，帮助学生解决学科知识的难点问题，提高学科教学质量和学习质量。

3.1.5　把握好学科知识难度层次

对于师范生来说，要把握好学科知识的难度层次，做到心里有数，这样才能在在校学习过程中和未来教学过程中，灵活地驾驭学科知识，增强自身的学习效果和未来的教学效果。

师范生在学习学科知识过程中，要把握好学科知识的难度层次。要从简单的内容学起，由浅入深，不断攀登学科知识的高峰。师范生在学习学科知识的时候，一定要遵循认知规律，不要好高骛远，学习知识的过程同样要符合学科知识逻辑。特别需要注意的是，师范生在学习学科知识的时候，一定要扎实掌握简单的知识，并且要勇于探索较难的知识。

师范生在未来学科知识教学过程中，同样要把握好学科知识的难度层次。在设计教学内容、运用教学方法、创新教学手段的时候，一定要依据学生的认知能力来选择相应的教学元素，否则学生在吸收学科知识的时候会出现困难。特别需要注意的是，师范生在未来学科知识教学过程中，一定要清楚当前阶段学生的认知水平，设计与学生认知水平相符的学科知识内容，进行有效教学。

3.2　师范生学科知识能力价值

学科知识能力是师范生必备的一种基础能力。因为大多数的师范生在从事教师工作的时候，主要的工作内容是进行学科教学，而学科知识能力正是进行学科教学的保障。从目前来看，师范生学科知识能力有以下几个方面的价值。

3.2.1 师范生的学科知识能力是其求学的重要目标

师范生的学科知识能力是其求学的重要目标。师范生就读于师范院校或师范专业，所学的知识内容一般包括两个方面：一是教育学、心理学等教育学科的知识。师范生有了教育学、心理学等教育学科的知识，就可以采用科学的教育思维、教育方法实施教育教学，提升教育教学的科学性。二是学科知识。师范生学习学科知识，主要是为了将来在教师岗位上将学科知识传承下去。也就是说，师范生的学科知识才是未来工作的核心内容，也是师范生求学的重要目标。比如对于中文专业师范生来说，只有掌握了中文知识，未来才能成为合格的语文教师；对于数学专业师范生来说，只有精通数学知识，未来才能成为合格的数学教师。正因为如此，培养师范生的学科知识能力，在师范生能力的培养中处于基础性的地位。因此，师范生一定要认识到学科知识能力的重要价值，在求学期间，努力学习学科知识，提升学科知识能力，为成为一名合格的教师做好准备。

3.2.2 师范生的学科知识能力是其应聘教师岗位的基础

师范生的学科知识能力是其应聘教师岗位的基础。对于大多数学校来说，招聘师范生入职，主要的岗位是教师岗位，主要的教学内容是学科教学内容。这就要求师范生在应聘教师岗位的时候，要有良好的学科知识基础和较强的学科知识能力。如果师范生没有较好的学科知识基础和较强的学科知识能力，那么学校招聘的时候，则很难被录取。也就是说，学科知识能力是师范生应聘教师岗位的一个硬性指标，也是应聘教师岗位的一个重要砝码。在学校招聘过程中，通常明确提出应聘教师岗位要有较好的学科知识能力。同时，招聘学校也会采用不同的办法来测试师范生的学科知识能力，以确定师范生的学科知识能力是否达到教师岗位的要求。比如，有的学校会在笔试环节，专门设置测试师范生学科知识能力的试卷，通过让师范生回答试卷上的问题来确定师范生是否有能力胜任教师岗位；有的学校会通过问答的形式，考查师范生的学科知识基础，来确定师范生的学科知识能力；有的学校会让师范生在试讲过程中，充分体现对学科知识的理解，来确定师范生的学科知识能力。由此可见，师范生在应聘教师岗位过程中，学科知识能力是重要的能力指标之一。所以，师范生在准备应聘教师岗位之前，一定要注意知识能力的准备，以便在参加测试的时候取得良好的成绩，为成功应聘教师岗位打下坚实的基础。

3.2.3　师范生的学科知识能力是其职业发展的保障

师范生的学科知识能力是其职业发展的保障。师范生的学科知识能力不仅表现在应聘教师岗位的时候，还表现在未来的发展中。如果师范生应聘教师岗位成功，将大概率成为一名学科教师。在这种情况下，开展学科教学、传授学科知识就是师范生未来的主业，即师范生的核心业务。简单地说，判断师范生工作是否出色，主要集中在师范生学科教学的效果上。如果师范生有着良好的学科知识能力，就可以通过内容设计、教学方法选择与教学手段创新等方式，来提升学科教学的质量，提高学科教学的水平，进而获得良好的工作评价。如果师范生没有良好的学科知识能力，那么就会在学科教学工作中举步维艰，不仅得不到良好的工作评价，还会受到来自学生的质疑，使自己承受来自工作的巨大压力，甚至可能会因为不能胜任教师岗位而离开教师队伍。所以，从师范生未来的职业发展角度来看，学科知识能力依然非常关键。师范生要将目光放长远，既要从求职择业角度出发，也要从职业发展角度出发，充分认识到学科知识能力对于师范生的重要性。

3.3　师范生学科知识能力存在的问题

从目前来看，师范生在学科知识能力方面依然存在着许多问题，影响师范生求职择业和职业发展。

3.3.1　师范生学科知识不全面

师范生的学科知识不全面，是目前师范生在学科知识能力方面存在的问题之一。很多师范生在学习学科知识的时候，仅仅学习书本上的学科知识，把目光局限在书本的学科知识的范围。在这种情况下，自己的知识面就会非常狭窄。众所周知，书本上的知识是有限的，特别是作为课堂教学的课本，由于受到课时和篇幅的限制，介绍的学科知识会非常有限。在这种情况下，如果师范生仅仅依靠课本上的学科知识，那么学科知识的摄入自然是不足的。产生这种情况的主要原因有以下三个：

第一，目前师范院校或者师范专业在进行学科知识教育的时候，没有有效的拓展，没有引导师范生进行学科知识的深入学习，这使得很多师范生对学科知识的认识有偏颇，认为学习知识仅仅是课本上展示的知识而已。

第二，目前师范院校或者师范专业在进行学科知识教育的时候，没有充分利用学生的自主学习，如果师范院校或者师范专业充分利用学生的自主学习，为师范生布置学科知识的自主学习任务，同样可以提升师范生的学科知识的全面性。

第三，目前师范院校或者师范专业在进行学科知识教育的时候，没有激发师范生学习学科知识的热情。大多数师范生对学科知识并不感兴趣，没有探索的欲望，同样缺乏探索的精神，没有花费精力去仔细研究学科知识的内容。

3.3.2 师范生学科知识不系统

师范生的学科知识不系统，是目前师范生在学科知识能力方面存在的问题之一。很多师范生对学科知识的学习不系统，造成对学科知识的理解片面且浅薄。在这种情况下，师范生在应聘教师岗位的时候，很可能被招聘学校认为学科知识根基浅，而给招聘学校留下不太好的印象。即使师范生应聘教师岗位成功，那么也会在未来的学科教学中表现出学科知识不系统的问题。一方面，如果师范生的学科知识不系统，那么很难从全局去把握学科知识，抓不住学科知识的重点和难点，难以给予学生有效的指导，很难帮助学生解决学习过程中的难题。另一方面，如果师范生的学科知识不系统，那么很难厘清知识之间的逻辑关系，在解决学科相关问题的时候会走弯路，在指导学生学习和应试的时候也会显得没有章法，不能够被学生认同。由此可见，如果师范生的学科知识不系统，那么会对求职择业和职业发展产生负面影响。

3.3.3　师范生学科知识不深入

学科知识不深入，是目前师范生在学科知识能力方面存在的问题之一。目前，随着互联网的发展，教师不再是知识的权威，也不再是知识的来源。很多学生可以通过网络了解与教师教授的相同的知识，甚至比教师教授的更为全面的知识。如果教师不能够将知识深化，仅仅将知识讲解停留在表面，那么势必引起学生的质疑，也会影响学生对教师的认同感。所以，对于未来有志从事于教师职业的师范生来说，学习学科知识必须要深入，不能够浅尝辄止。如果师范生的学科知识不够深入，那么在应聘的时候会给招聘人员留下一种知识浅薄的印象，在未来的教学活动中表现也会趋于平淡。所以，师范生一定要深入学习学科知识，不能够停留在学科知识表面，要做到学习有深度、运用有高度。

3.3.4　师范生学科知识不精确

师范生的学科知识不精确，是目前师范生在学科知识能力方面存在的问题之一。师范生一定要严谨治学，不能似是而非，更不能含糊其词。因此，师范生在学习学科知识的时候，一定要强调学科知识的精准性，确保学科知识精确。只有这样，师范生才能胜任教师的岗位。从目前来看，部分师范生在学习学科知识的时候，不求甚解，不较真儿，对学科知识的掌握不够严谨，这样会影响师范生未来的求职择业和职业发展。师范生学科知识不精确会影响求职择业，比如在求职应聘过程中，一旦招聘人员发现师范生的学科知识不精确，对很多问题模棱两可，甚至连最基本的学科知识都有一些错误，那么势必会对他形成基础能力不行的印象，很有可能决定不录用他。即使师范生通过了招聘，在未来的职业发展中，也可能因为学科知识的不精确而闹出课堂笑话，甚至造成教学事故，影响自己的职业发展。由此可见，"好读书，不求甚解"并不适用于师范生，更不适用于师范生对学科知识的要求。所以，师范生应该严肃对待学科知识的学习，把每个知识点都搞清楚，才能在未来的求职择业和职业发展中受益。

3.3.5 师范生学科知识缺乏连续性

学科知识缺乏连续性，是目前师范生在学科知识能力方面存在的问题之一。当今时代是知识爆炸的时代，知识生命周期短，知识更新速度快，已经成为当代知识发展的重要特征。虽然师范生所学习、教授的学科知识属于基础学科，理论内容相对稳定，但基础学科的知识也相对陈旧、给学生的感觉枯燥乏味。在这种情况下，如果师范生的学科知识没有新鲜血液的注入，那么势必显得僵化。因此，师范生应该多关心学科知识的发展前沿，将学科知识的发展前沿纳入自身的学科知识体系，丰富自身的学科知识。但从目前来看，部分师范生依然局限在课本知识内容之内，没有适当地更新自己的学科知识，产生这种现象的原因有如下两个：一方面，没有更新学科知识的意识。很多师范生认为，学科知识是经典的、一成不变的，是权威的、不容置疑的。所以，只要将书本知识弄懂弄透就可以了，并没有知识可以更新换代的意识，更没有关注学科知识研究前沿的意识。另一方面，缺乏更新学科知识的能力。很多师范生不知道如何将自己学习的基础学科知识与学科知识研究的前沿联系在一起，也不知道通过什么渠道才能了解学科知识研究的前沿信息，这使得部分师范生虽然想更新自己的学科知识，但是没有有效的途径，所以很难更新自己的知识。目前，随着经济社会的发展、教育教学的改革，学生对教师的要求也在逐渐提高，如果师范生没有更新自己学科知识的意识和能力，那么在教育教学中很难出现亮点，很难将学科知识讲得有趣、有理、有用，所以，只靠课本知识的师范生在目前的求职应聘中也是不受欢迎的。

3.3.6 师范生学科知识没有内化

学科知识没有内化，是目前师范生在学科知识能力方面存在的问题之一。很多师范生在学习学科知识的时候，往往严格按照课本上的知识进行记忆和背诵，并没有真正理解课本上的知识，也没有将课本上的知识真正地消化吸收。在这种情况下，师范生更像是一个储存知识的容器。当需要运用这些学科知识的时候，只能机械地拿出这些学科知识，这就是所学的学科知识没有内化的表现。事实上，如果师范生没有将所学的学科知识内化，在进行教学活动的时候，很容易照本宣科、人云亦云，这样的学科教学很容易让学生感到厌烦，从而影响教学的效果。从近几年学校招聘教师的过程来看，更多的学校希望招聘能够将学科知识内化的师范生，也就是说，学校希望教师讲出新的内容，千篇一律的教学内容显然不能满足学校的要求。

3.4　师范生学科知识能力培养

学科知识能力对于师范生的求职择业和职业发展具有重要意义。因此，师范生要高度重视学科知识能力的培养，只有这样，才能切实提高自身的就业核心竞争力，才能在求职择业和职业发展中获得成功。

3.4.1　培养师范生学科知识能力意识

如果要培养师范生的学科知识能力，那么就要培养其学科知识能力的意识。从目前教师岗位的要求来看，良好的学科知识能力是每一名教师所必须具备的。师范生作为教师岗位的后备人才，必须在求学期间夯实学科知识基础，提升学科知识能力。具体来说，师范生可以从如下几方面入手：其一，要加强对学科知识能力重要性的认识，清楚学科知识能力是师范生成为一名合格教师的必备能力，并高度重视学科知识能力；其二，要想方设法提升自己的学科知识能力，不仅通过课堂学习，还要通过自主学习、拓展学习，不断夯实自己的学科知识基础，不断加深对学科知识的认识；其三，要想方设法将自己的学科知识能力转化为学科教学能力，在实习实践中充分发挥自己的学科知识，帮助学生更好地学习。

3.4.2　完善师范生学科知识体系

如果要培养师范生的学科知识能力，那么就要完善其学科知识体系。在学习学科知识的时候，师范生要注意学科知识体系的建设和完善。完善学科知识体系，可以从如下几方面入手：其一，要尽可能了解学科发展的历史，从历史角度全面了解学科发展，可以了解学科发展的来龙去脉，加深对学科发展背景的认识；其二，要尽可能地了解学科知识的框架，清楚学科知识的板块，明确学科知识的整体结构，把握学科知识的整体脉络，理解学科知识之间的逻辑关系，从而从逻辑角度深刻认知学科的知识结构；其三，要对自己的学科知识体系做必要的评估，对照学科知识体系，查漏补缺，对自身学科知识体系中的不完善之处加以完善。师范生有了完善的学科知识体系，就有了应聘教师岗位的底气，无论是在求职择业中，还是在职业发展中，都可以从容应对。

3.4.3 抓住师范生学科知识重点

如果要培养师范生的学科知识能力，那么就要抓住其学科知识的重点。抓住学科知识的重点，是学好学科知识的关键，也是解决学科知识难点的前提。对于师范生来说，要明确学科知识的重点，把握学科知识的重点，才能够更好地培养自身的学科知识能力。 方面，把握学科知识的重点，可以让师范生更加清晰地了解学科知识，在解决学科知识中的难题时更加游刃有余。另一方面，把握学科知识的重点，可以让师范生更加明白如何学好学科知识，也能够帮助师范生更好地学习学科知识。由此可见，师范生要将抓住学科知识的重点作为学好学科知识的必经之路，从重点入手、从重点着眼，在学习重点知识、解决重点问题的同时，提升自身的学科知识能力。

3.4.4 促进师范生学科知识内化

如果要培养师范生的学科知识能力，那么就要促进其学科知识的内化。学科知识的内化是掌握学科知识的重要表现。部分师范生没有将学科知识内化，在记忆学科知识的时候容易遗忘，在理解学科知识的时候容易浅薄，在运用学科知识的时候容易生疏，给人的感觉就是没有学透学科知识。因此，要想真正掌握学科知识，真正将学科知识有效地传递给学生，必须将学科知识内化。对于师范生来说，将学科知识内化主要从以下几个方面入手。

第一，要全面、深入、系统地学习学科知识。在学习学科知识的时候，要不留死角，遇到不懂的知识，要不耻下问、交流讨论、冥思苦想，完成对学科知识的学习。

第二，要了解学科知识的发展前沿，把握学科知识的脉络。这样，学科知识就不是干枯的理论，而有鲜活的灵魂，只有不断拓展学科知识，了解学科知识的发展，才能更深入地感受知识。

第三，要有自己独特的方法。师范生可以根据自己的情况，从适合自己的角度去理解学科知识，创新自己的学习方法和学习手段，从不同的角度去审视学科知识，不断发现学科知识的新内涵。

第四，要坚持不懈地学习学科知识。师范生要不断地学习学科知识、不断地复习学科知识、不断地发现学科知识的新亮点，持续学习，让学科知识成为自己的灵魂伙伴。只有这样，才能不断深化对学科知识的理解，才能不断将学科知识内化。

第4章 师范生教学方法能力提升

教学方法是教师实施教学的重要因素。有效的教学方法，可以提升教学质量，强化教学效果；落后的教学方法，会降低教学质量，弱化教学效果。因此，在师范生求职择业过程中，特别是在试讲过程中，招聘单位往往会考查师范生使用教学方法的能力。合理使用教学方法更是师范生未来职业发展的重要保障。由此可见，师范生只有重视教学方法能力的提升，才能在求职择业中具有竞争力，才能成为一名合格的教师。

4.1 师范生教学方法能力提升意义

对于师范生来说，提升教学方法能力有以下几个方面意义。

第一，提升教学方法能力是完善师范生能力的重要内容。对于师范教育来说，不仅要丰富师范生的学科知识，同时要提升师范生的教学能力。师范生对口的岗位是教师岗位，面对的服务对象是学生。如果只有丰富的学科知识，而没有适合的教学方法，那么很可能出现"茶壶煮饺子——倒不出来"现象。这种现象在以往的教学中比较常见，部分教师虽然学识非常渊博，但在教学的时候，却不受学生欢迎，究其原因，大部分是由教学方法匮乏造成的。因此，提升教学方法能力至关重要，这是完善师范生自身能力的一种体现。

第二，提升教学方法能力是教师岗位的必然要求。教师岗位要求既要有良好的知识基础，也要有良好的教学能力。教学方法是教学能力的重要体现，在教学过程中，如何将书本上的知识转化为学生头脑里的知识，与教学方法是否适宜息息相关。以往的学校教育采取讲授式的教学方法，也就是老师讲学生听的方式，这种照本宣科式的教学方法，虽然能够基本表述学科知识、基本演示学科能力，但在加强学生对于知识和技能的理解方面存在很大的问题。此外，传统的讲授式教学方法使教学过程枯燥乏味，不利于激发学生的学习兴趣，不利于调动学生的学习积极性。

第三，提升教学方法能力是求职择业的重要砝码。提升师范生教学方法能力，对于求职择业至关重要。很长时间以来，师范生在求职择业过程中，在求学期间的学习成绩和所获得的证书是非常重要的。但随着用人单位对人才能力要求的提升，很多用人单位在面试过程中加大了对师范生试讲的考查力度。这也意味着，师范生能否在求职择业过程中占据制高点，良好的试讲表现非常重要。在试讲过程中，所有的师范生都面临几乎相同的知识内容，在这种情况下，合理运用教学方法成为师范生获得应聘优势的重要路径。因此，在师范生求职择业过程中，特别是在试讲环节，如果能够巧妙地运用教学方法，突破原本固化的教学形式，那么就能使面试人员耳目一新，从而给面试人员留下深刻的印象，能够提升面试成功的概率。

例如，在某次面试过程中，一名应聘语文教师岗位的师范生在试讲环节合理地使用了情境教学法：首先，这名师范生做了良好的课堂预热，绘声绘色地构建了教学情境，使学生和面试人员均能够沉浸其中；第二，在课堂预热之后，结合构建的情境，言简意赅地讲授了需要讲解的知识；第三，在讲述知识之后，这名师范生通过师生问答的方式，与学生进行了良好的互动，加深了学生对知识的印象。由于教学方法使用合理，这名师范生的表现赢得了面试人员的认可，顺利地通过了面试。

第四，提升教学方法能力是未来教学的重要准备。教学方法能力的提升，不仅对师范生求职择业有很大的帮助，在师范生成为教师之后，也会一直帮助其成长。一方面，在具体的教学中，如果师范生具有很强的教学方法能力，那么能够适宜地采用各种教学方法，使复杂的教学过程变得简单，取得良好的教学效果。另一方面，师范生具有很好的教学方法能力，可以在教学科研方面更上一层楼，可以在教学改革方面以教学方法改革为切入点，不断提升教学科研能力，从而成为一名研究型教师。

4.2 师范生教学方法能力提升特点

师范生教学方法能力提升主要有以下几个特点。

第一，教学方法能力提升具有持续性的特点。也就是说，教学方法能力提升是一个持续的过程。教学方法的改进永无止境，教师在教学过程中，要根据学生的需求和具体情况，根据教学内容的特点，根据教学目标的要求，不断调整教学方法，提升自身的教学能力。因此，教学方法能力提升不是一朝一夕之事，而要长久地坚持下去。

第二，教学方法能力提升具有积累性的特点。也就是说，教学方法能力提升是一个积累的过程。教学方法的复杂之处在于，它不但有明确的特点，而且有具体的应用环境。对于任何一种新的教学方法，教师不可能在第一时间将其运用自如，而是要经过不断的磨砺，才能够具有使用教学方法的经验，从而灵活有效地使用教学方法。这也就意味着，对于师范生来说，要不断积累教学方法的经验，不断加深对教学方法的认识，才能够提升教学方法能力。

第三，教学方法能力提升具有综合化的特点。对于教学经验不足的师范生来说，应用某种教学方法，往往是比较机械地套用教学方法的步骤，这样一来，在教学实践中很容易受到教学方法的束缚。随着教学经验的不断积累、教学方法能力的不断提高，教师可以更加灵活地使用各种教学方法。不难看出，对于有经验的教师来说，在一个教学单元内，往往不是依托一种教学方法，而是综合运用多种教学方法，形成合力。

第四，教学方法能力提升具有个性化的特点。也就是说，教学方法能力提升意味着将经典的教学方法转化为自己的教学方法。每次教学活动都是一次独特的实践活动，所以，任何成熟的教学方法，只能作为教师实施教学方法的参考。在具体的教学实践中，教师要根据教学对象的情况、教学内容的情况、教学环境的情况、教学目标的情况，灵活使用教学方法，充分体现自己对教学方法的理解，使教学方法更好地符合学习情境，起到提高教学质量的作用。

4.3　师范生教学方法能力提升路径

对于师范生来说，教学方法能力提升具有如下几条路径。

第一，要主动培养教学方法创新的意识。也就是说，要认识到教学方法创新的重要性，以开放的心态去接受新的教学方法，发现新的教学方法的优势所在，结合具体的教学环境，将新的教学方法应用于具体的教学实践。特别需要强调的是，对于师范生来说，提升教学方法能力，千万不可闭门造车，排斥接受新的教学方法，因为这样只能使自己的眼界变得狭窄，落后于教育发展潮流。

第二，要掌握教学方法的相关知识。也就是说，应该积极学习教育方法的知识。具体来说，既可以通过学校的课堂来学习，也可以通过研究相关的文献来学习，比如研究期刊上关于教学教改的文章。同时，可以关注有关教学教改的新闻，从新闻中得到关于教学方法的启示。

第三，要重视教学方法的经验积累。也就是说，一定要重视自我经验的积累。自我经验的积累是一个漫长的过程，师范生要在每一次使用教学方法的时候，都能够敏锐地捕捉到教学方法中存在的问题和蕴含的优势，然后通过不断的改进、完善来提升自己使用教学方法的能力。

第四，要积极进行教学方法的经验交流。也就是说，要和同事、专家进行积极的交流。不同的人遇到的教学情况是不同的，不断的交流可以拓展视野，更加深入地认识各种教学方法，借鉴他人的经验，灵活有效地使用各种教学方法，使自己应用教学方法能力有所提升，且节约了积累经验的成本。

4.4　师范生需要掌握的教学方法

从目前来看，师范生应该在原有讲授法的基础上，掌握更多的教学方法，才能在教学过程中游刃有余。

4.4.1 问题教学法

问题教学法是目前较为流行的教学方法，在教学中很常见，师范生应重点掌握问题教学法。

4.4.1.1 问题教学法的含义与特点

（1）问题教学法的含义。

问题教学法是指在教师指导下，围绕着提出问题、分析问题、解决问题开展教学的一种方法。

（2）问题教学法的特点。

第一，问题教学法具有主动性的特点。应用问题教学法，可以调动学生的积极性，充分体现学生的主体地位。让学生通过提出问题、分析问题、解决问题，成为问题的主人，从而参与到学习活动中。

第二，问题教学法具有趣味性的特点。应用问题教学法，可以增强学生对学习的兴趣，满足学生的好奇心和求知欲，让学生在饶有趣味的学习过程中，获得知识，探索规律。

第三，问题教学法具有递进性的特点。随着问题的不断提出和问题的不断解决，学生对于知识、内容和方法的掌握不断递进升级。解决旧问题，提出新问题，成为问题教学法不断循环的特征，也是促进学生素养提升的动力。

4.4.1.2 问题教学法的意义

问题教学法通过提出问题、分析问题、解决问题，将学习的主动权从教师转移到学生，对于教学的改革与创新具有重要意义。

（1）培养学生的质疑精神。

采用问题教学法，有助于培养学生的质疑精神。提出问题、分析问题、解决问题的过程，就是从质疑到解惑的过程，其中充满了质疑精神。而质疑精神恰恰是学生提升创新精神的重要因素，也是培养创新型人才的重要方法。因此，采用问题教学法，培养学生的质疑精神，对于全面培养学生的创新精神，教会学生有意识地质疑、如何质疑具有重要作用。同时，可以让学生明确质疑的重要性，有利于学生主动质疑、主动提出问题。

（2）培养学生的学习兴趣。

采用问题教学法，有助于提升学生的学习兴趣。学生以好奇的眼光看待这个世界，采用问题教学法能让学生充满好奇心和求知欲。因此，通过让学生提出问题、分析问题、解决问题，让学生用好奇的眼光看待问题，提升学生学习的兴趣，让学生能够充满活力地遨游于知识的海洋。

（3）培养学生的发现能力。

采用问题教学法，有助于培养学生的发现能力。事实上，无论是提出问题，还是分析问题，抑或是解决问题，考验的都是学生的发现能力。通过问题教学法，学生可以提升发现能力，发现生活中存在的问题，发现解决问题的办法。这一切都是在教师指导下开展的，可以提升学生探索的主观能动性。因此，采用问题教学法，可以培养学生的发现能力，并将发现能力培养成习惯，让学生在未来的成长中，敢于发现、乐于发现问题。

4.4.1.3　问题教学法的原则

问题教学法的应用，要遵循一定的原则，这样才能保证问题教学法能够取得更为显著的效果。

（1）适度原则。

问题教学法的应用，要遵循适度原则。应用问题教学法，要注意适度，这里的适度有两个方面的意思。一方面，学生提出的问题要适度。学生的知识能力有限、认识能力有限、生活经验有限，深刻的问题并不适合学生，所以，教师要注意学生提出问题的适度性，不宜过偏过难。另一方面，因为学生的能力有限，往往不能系统地、全面地解决问题，教师要因势利导，不能将问题加宽加深，以致使学生失去探索问题的兴趣。

（2）鼓励原则。

问题教学法的应用，要遵循鼓励原则。应用问题教学法，要注意鼓励学生。学生对于问题本来一无所知，不仅缺乏知识和经验，更缺乏勇气和信心。教师应遵循鼓励原则，让学生大胆探索，提出问题、分析问题、解决问题。教师不要过多地判断对错是非，以免打消学生提出问题、分析问题和解决问题的积极性。教师要明白学生信心和勇气的重要性，在应用问题教学法的时候，要将培养学生提出问题、分析问题和解决问题的信心和勇气放在第一位。

（3）开放性原则。

问题教学法的应用，要遵循开放性原则。应用问题教学法，要注意提出问题、分析问题和解决问题的开放性，鼓励学生发散思维，倡导问题教学法的多样性。在提出问题的时候，鼓励学生根据自己的知识基础和生活经验，提出不同的问题，同时鼓励从不同的视角提出同一个问题。在解决问题的时候，教师除了必要的引导，还要鼓励学生通过自己的视角给出不同的答案，要让学生明白，答案并不是唯一的，要自主探索。

4.4.1.4 问题教学法的策略

应用问题教学法，要使用正确的策略，从而提升教学质量。

（1）营造问题氛围。

应用问题教学法，首先要营造问题氛围。一方面，帮助学生克服心理障碍，敢于提出问题、乐于提出问题。另一方面，设计提出问题的情境，奠定提出问题的基础，引导提出问题的方向，让学生自然而然地提出问题。在营造问题氛围的时候，一要充分考虑学生的知识基础和经验基础，二要充分考虑学生的兴趣，做到能够与学生的认知相连接，同时做到寓教于乐，让学生乐于接受问题教学法。

（2）设计问题。

应用问题教学法，如何设计问题非常关键。一般来说，设计问题要与学生的知识基础和经验基础相符，从学生的生活情境中选取素材。设计问题的时候，要激发学生的探究欲、引起学生内心的情感共鸣。

（3）有效解答问题。

应用问题教学法，有效解答问题也是关键。一方面，教师要循循善诱，突出学生的主体性，让学生通过自己认知的深化来回答问题。另一方面，教师要鼓励学生，在回答旧问题的基础上，提出新问题，进一步深化对问题的认识。另外，在回答问题的时候，注意形式要活泼新颖，能够激发学生的兴趣，不要过于呆板，使问题教学法变成一般的讲述。

（4）实施发展评价。

应用问题教学法，并不是要寻找一个答案，而是在提出问题、分析问题和解决问题的过程中，帮助学生丰富知识、积累经验，提升学生的思维水平，提高学生的探究能力。因此，应用问题教学法的时候，评价也应该有所不同，要采用发展性评价，尊重学生的认知水平、认知经验，尊重学生的个体差异，鼓励学生开展自我评价、同学互评，在提出相应问题的同时，更应该鼓励学生努力探索、不怕困难、逐步提高。

4.4.2　探究式教学法

探究式教学法是目前教育界提倡的一种教学方法。

4.4.2.1　探究式教学法的含义与特点

与问题教学法不同，探究式教学法更侧重于探究过程，和问题教学法相比更为复杂，主要是在教师指导下，学生围绕具体问题进行探究，增长知识和能力。

（1）探究式教学法的含义。

探究式教学思想可以追溯到古希腊哲学家苏格拉底的问答教学法。"探究"在《现代汉语词典》（第 7 版）中被解释为"探索研究；探寻追究"，意思是多方面地解决疑问、寻找答案，并且探求失误的规律和性质等。美国《国家教学标准》将"探究"概括为通过多方面的活动涵盖观察、提出疑问，并且通过阅读相关图书以及其他资源信息去发现已知的结论，制订调研计划，依据实验结果对已经获得的结论做出评价；用工具收集、分析、解释数据；提出解答、解释和预测；交流结果。探究的途径一般有研究、调查、搜集和验证等。

探究式教学法是指围绕一定的问题，在教师组织下，学生通过自主思考和小组交流等形式，加深对问题的认识，寻找解决的方法，进而提高认知水平和动手能力的一种教学模式。从这里可以看出，问题教学法可以看作探究式教学法的预备形式，也是探究式教学法的开端。

探究式教学法实质上是一种模拟的研究活动，包含两个方面的要素。一方面，强调学生的学，要在探究过程中，为学生营造学习的环境，促进学生知识和技能的发展；另一方面，给予学生必要的帮助，让学生在自我探索的基础上，深入了解相关内容，提升自主学习能力。

（2）探究式教学法的特点。

第一，探究式教学法具有主动性的特点。应用探究式教学法，可以充分利用其主动性的特点。在探究式教学法中，学生的学习由被动变为主动，可以充分调动学生学习的主观能动性，使学生充满热情地投入学习。

第二，探究式教学法具有持久性的特点。应用探究式教学法，可以充分利用其持久性的特点。探究是认识世界、改造世界的重要手段，也是终身教育的重要内容。探究式教学法可以培养学生的探究意识，让学生在探究中不断成长，受益终身。

第三，探究式教学法具有综合性的特点。应用探究式教学法，可以从问题入手，分析问题和解决问题（包括观察、分析、数据整理一系列的行为），可以提高学生的综合能力。

第四，探究式教学法具有整体性的特点。应用探究式教学法，学生可以在教师指导下经历整个探究过程，这样一来，学生所获得的知识和经验不是碎片化的，而是整体性的。

4.4.2.2　探究式教学法的意义

采用探究式教学法，具有如下意义。

（1）有利于学生的深度参与。

采用探究式教学法，有利于学生进行深度参与。显然，探究式教学法要求学生融入其中，经历整个探究过程。在这个过程中，学生最大限度地参与其中，对知识、经验有了更加深入的认识，同时可以有效开发思维潜能，提高能力。

（2）有利于学生的自我反思。

采用探究式教学法，有利于学生的自我反思。探究式教学法避免了教师主导课堂，使学生有时间、有精力、有机会对问题进行思索，对自我进行反思，发现存在的问题、分析问题的原因并加以改正。由此可见，探究式教学法能够帮助学生通过自我反思提升综合能力。

（3）有利于突出学生的中心地位。

采用探究式教学法，有利于突出学生的中心地位。探究式教学法给学生的学习释放了更大的自我空间，帮助作为探索主体的学生在探索过程中充分发挥自己的智慧，形成知识和经验，从而确立了学生在教学中的中心地位。由此可见，探究式教学法有利于纠正以往教学中以教师为中心的观念，在发挥教师引导作用的基础上，体现了学生的主体地位，促使学生自主探索。

4.4.2.3　探究式教学法的原则

探究式教学法的原则如下。

（1）主体性原则。

采用探究式教学法，需要遵循主体性原则。在探究式教学中，学生是主体，教师是引导者，探究的核心内容由学生通过自己的探究完成，学生在探究过程中不断获取新的知识、积累新的经验，最终提升学习能力。

（2）开放性原则。

采用探究式教学法，需要遵循开放性原则。探究式教学法要求整个过程是开放的。首先，教师不再是绝对的知识权威，而要为学生提供一个发挥想象、发表言论的开放平台，鼓励他们提出不同的意见。其次，教师所提供的探究选题可以是多样的，但要符合学生的知识经验，能够被学生操作。最后，学生的思维和方法是开放的。采用探究式教学法，学生要根据实际情况进行探究，不要局限于课本。

（3）导向性原则。

采用探究式教学法，需要遵循导向性原则。探究式教学法要求以问题为导向，围绕着问题来进行探究活动，以问题为基础，引导学生学习知识、积累经验、锻炼思维、交流合作，共同为了认识问题和解决问题而努力。在这个方向引导下，学生更有信心、更有决心去面对问题，从而提升自己的素养。

（4）合作性原则。

采用探究式教学法，需要遵循合作性原则。实现一项探究活动，单凭借一个人的力量很难完成。在大多数情况下，探究活动都是通过合作来完成的。采用探究式教学法要求学生和学生之间加强合作，取长补短、各抒己见，在不同的声音中寻找灵感和解决问题的办法。这可以培养学生的合作意识，启发学生的智慧，提升学生的学习水平。

4.4.2.4　探究式教学法的策略

采用探究式教学法，要使用正确的策略，从而提升教学质量。

（1）确定问题，营造氛围。

采用探究式教学法，要注意确定问题，营造氛围。一方面，要注意确定问题。问题既是探究式教学法的导向，也是探究活动的核心，因此，教师要谨慎地对待问题的确定，让确定的问题既在学生的能力范围内，又具有一定的发展意义。另一方面，要注意营造氛围，只有在良好的探究氛围内，学生才会充满激情地去探索，否则有可能只是敷衍了事。因此，教师要注意氛围的营造，让学生在良好环境的引导下，开展探究活动。

（2）明确思路，做好布局。

采用探究式教学法，要注意明确思路，做好布局。一方面，要注意明确思路。在学生进行探究过程中，明确探究的思路非常关键，要以问题为核心，清晰地描绘探究过程中的总体路线，让学生对探究活动做到心中有数，避免产生茫然失措的感觉。另一方面，要注意做好布局。在学生进行探究过程中，做好布局是探究活动的保障，要明确学生在探究活动过程中需要什么样的资源支撑，合理地提供资源，帮助学生顺利地完成探究任务。

（3）开阔思路，指导研究。

采用探究式教学法，要注意开阔思路，指导研究。一方面，要注意开阔思路。在学生进行探究过程中，要鼓励学生发散思维，开阔学生的思路，让学生能够从多个角度认识问题、分析问题，最终能够找到解决问题的办法。另一方面，教师要进行指导研究。教师不仅要在知识、经验和方法上给予学生一定的指导，还要在学生合作中给予一定的指导，让合作的学生具有团队意识和合作精神，顺利地完成探究任务。

（4）得出结果，合理评价。

采用探究式教学法，要注意得出结果，合理评价。一方面，要注意得出结果。在学生进行探究过程中，要鼓励学生得出探究结果。除了必要的指点，更多的应该鼓励学生得出探究结果，毕竟学生的知识基础和经验基础都非常有限。另一方面，要注意合理评价。在评价学生探究结果的时候，不要过于纠结对错是非，要善于发现学生的进步，帮助学生总结归纳，找出优点和不足。同时，指导学生进行反思，让学生找到提升自身素质更理想的方法和路径。

4.4.3　体验式教学法

体验式教学法是一种古老的教学方法，目前被广泛地应用于教育领域。

4.4.3.1　体验式教学法的含义与特点

体验式教学法目前被应用于诸多教育领域和诸多学科教学，是一种适应性很强的教学方法。

（1）体验式教学法的含义。

"体验"在《现代汉语词典》（第 7 版）里的解释为通过实践来认识周围的事物，即人通过亲自去看、听、闻、说、做等身体行为对事物进行直接感知，然后在大脑中形成对该事物的认识判断的过程。体验是一个过程，这个过程必须由自己完成，且这种体验是不可传授的，不同的人对同一事物的体验是不一样的。

体验式教学法是由教师创设情境、学生参与体验，通过体验的感悟，促进学生成长发展的教学活动。和探究式教学法相比，体验式教学法更注重体验，更注重自身的感悟。在过程性和完整性方面，探究式教学法明显要强于体验式教学法；但在启蒙意识、形成精神方面，体验式教学法要强于探究式教学法。

（2）体验式教学法的特点。

第一，体验性。体验式教学法具有体验性。首先创设体验情境，然后让学生在情境中进行充分的体验，促进学生在体验中获得全面发展。由此可见，在体验式教学法中，体验贯穿整个教学过程。

第二，整体性。体验式教学法具有整体性。体验式教学法的整体性表现为三点。一是清晰的体验性。体验式教学法要求情境是丰富的、生动的、饱满的、完整的。二是体验的充分性。体验式教学法要求体验是充分的，充分调动以往的知识基础和经验基础等。三是体验的全面性。体验式教学法既包括知识和技能的发展，又包括过程和方法的发展，还包括情感态度和价值观的发展。

第三，独特性。体验式教学法具有独特性。在体验式教学中，每个学生的兴趣、经历、知识、体验不同，因此对体验情境的关注点不同，对体验情境的关注度不同，所产生的感悟不同，所获得的收获也不同，这就使得体验式教学法针对的学生对于内容吸收具有差异性和独特性。

4.4.3.2 体验式教学法的意义

采用体验式教学法，具有如下意义。

（1）培养学生的学习兴趣。

体验式教学法能够培养学生的学习兴趣。学生充满好奇心，对各种体验都表示出极强的热情。采用体验式教学法，能够充分激发学生的好奇心，通过学生亲身的体悟，激发学生的学习热情，培养学生的知识、思维、技能，帮助学生树立正确的世界观、人生观、价值观，全面提升学生的素养。

（2）积累学生的经验。

体验式教学法能够积累学生的经验。体验式教学法能够模拟真实的环境，能够有效地积累学生的经验。

（3）培育学生的学习精神。

体验式教学法能够培育学生的学习精神。体验式教学法能够模拟虚拟的活动，在虚拟的活动中，学生能够感受到攻坚的不易、探索的激情、探索所需要的耐力和韧性。在这种情况下，很容易培育学生的学习精神，并使他们将这种精神融入日常的探索活动，内化为自身的品质。

4.4.3.3 体验式教学法的原则

体验式教学法的原则如下。

其一，主动性原则。采用体验式教学法，要遵循主动性原则。体验式教学法要求把调动学生的学习主动性放在首要位置，使学生在体验学习过程中得到快乐、学到知识、感悟精神。在这个过程中，学生主动体验、感悟、积累、反思，最终将知识和精神内化，提升自身的素养。

其二，主体性原则。采用体验式教学法，要遵循主体性原则。采用体验式教学法，要明确学生的主体地位，让学生清楚自己在学习中的重要位置，这样学生才能够全神贯注地体验、反思和领悟，才能发挥主观能动性的作用。因此，教师要做好引导和服务工作，让学生成为学习的主人。

其三，个性化原则。采用体验式教学法，要遵循个性化原则。体验式教学法要尊重每名学生的个性化，重视因材施教。体验式教学法注重根据学生的需要创设情境，尊重不同学生在同一情境下的不同体验，这样才能够帮助每名学生从自身的条件出发，通过体验式教学法，根据自身的情况吸收知识和积累经验，从而提升素养。

4.4.3.4 体验式教学法的策略

采用体验式教学法，要使用正确的策略，从而提升教学质量。

（1）做好情境模拟。

良好的情境是体验式教学法实施的关键。显然，体验式教学法需要在一定的情境中进行。这种情境既包括过去的情境、将来的情境，也包括现实的情境和虚拟的情境。教师根据体验式教学的需要，具体地选择情境。情境是理想或者现实情境的模拟，是多种元素的综合体，既要求真实性，也要求综合性，这一点也是教师在进行情境构建时需要注意的。

（2）丰富体验形式。

一是可以采用游戏的形式。游戏是学生喜闻乐见的方式，以游戏的形式开展体验能让学生感受到体验的魅力，是寓教于乐的表现。可以通过教育游戏让学生沉浸其中，通过趣味的活动让学生深入了解。

二是可以采用欣赏的形式。教师可以提供欣赏的内容，帮助学生深化对体验的认识。内容可以是一段故事、一张照片、一部电影等，形式可以是课上欣赏或者课下欣赏，帮助学生获得更多的感悟。

三是可以采用实验的形式。教师可以为学生布置小实验，使学生在小实验中得到体验，从而获得感悟。小学中的小实验既可以是动手的实验，也可以是观察的实验。

4.4.4 合作教学法

合作教学法是一种学习方法，是历史悠久、影响深远的学习方法，也叫合作学习法。目前，合作教学法被应用于教育界的多个领域，对培养现代人才意义重大。

63

4.4.4.1 合作教学法的含义与特点

合作教学法是近年来流行的教学方法，对教学质量的提升具有重要意义。

（1）合作教学法的含义。

合作教学法在日常教学中很常见。合作教学法是在教师引导下，学生通过相互合作进行学习的一种教学模式。

（2）合作教学法的特点。

其一，合作教学法具有集体性的特点。合作教学法是学生集体进行学习的活动，不是单打独斗，而是对集体有着深入的参与，这显现出合作教学法的集体性特征。这也意味着在合作教学法的影响下，学生的学习需要具有团队精神和配合意识，这样才能够很好地完成学习任务。

其二，合作教学法具有分工性的特点。合作教学法模式下并不是一名学生包打天下，而是每个学生都有自己的角色定位，大家协同配合来完成学习任务。由此可以看出，合作教学法将任务分解，分配给每个学生，根据每个人的愿望或者能力扮演活动中的角色。

其三，合作教学法具有交流性的特点。合作教学法要求每名学生在学习过程中，都与团队成员有着密切的交流。这种交流不仅是形式的交流，更是有用信息的交流，是每个学生传播信息、获取信息的过程，也是每个学生取长补短的过程。由此可见，合作教学法中，学生之间的交流不仅是不可避免的，而且是非常有必要的。

其四，合作教学法具有整合性的特点。合作教学法能够让每个学生的学习信息在团队之间充分交流。通过团队之间信息的充分交流、充分分析和充分讨论，学生逐渐对学习问题产生了共识，不同学生之间的观点、知识和经验出现了一个整合的趋势。同一个学习团队呈现出明显的趋同性特征，这是合作教学法整合性的表现。

4.4.4.2 合作教学法的意义

采用合作教学法，具有如下意义。

其一，有助于高效学习。合作教学法将学习任务细化，分配给不同的学生。不同的学生学习不同的模块，然后通过交流将学到的知识与其他人交换，能够在短时间内高效地完成各个模块的学习，从而提高学习效率。因为每名学生通过学习的心得体会进行交流，节省了必要的探索时间，所以，合作教学法是一种比较经济的教学方式。

其二，有助于深度学习。合作教学法鼓励学生通过学习、交流、分析达成共识。在这个过程中，学生通过学习深入地了解了所学的知识，通过交流拓展了知识面，通过分析加深了知识的深度。另外，在合作教学法中，学生通过讨论和辩论，对知识有了更加深入的了解，更有利于学生动脑筋、勤思考，将学习引向深入。

其三，有助于纠正错误。合作教学法有助于关注细节，纠正错误。在学习中，由于学生的认知水平、知识基础和经验基础各异，学生难免对有些内容出现认识偏差。在合作教学法中，通过学生之间的交流、辩论和讨论，通过集体的分析，可以有效纠正这种认识偏差。另外，合作教学法也有助于在交流中强调各个细节，从而让学生更加重视细节。

其四，有助于培养团队精神。合作教学法有助于培养团队精神。合作教学法，顾名思义，不只是一个学生能够完成的，而是由几名学生组成学习联合体，共同完成学习任务。在这个过程中，学生互相帮助，共同解决问题，共同接受评价，逐渐成为一个学习团队。这样的团队能够有效培养学生的集体主义精神和团队意识。

4.4.4.3　合作教学法的原则

合作教学法的原则如下。

（1）学习任务可分配原则。

合作教学法的基本学习单元是学习团队，是学生组成的学习联合体。因此，安排给学生的学习任务一定是可分配的。因为只有这样，才能将学习任务细化为若干模块，然后分给每个学生，这样每个学生才能够参与其中，找到自己的学习角色，而不会成为一个旁观者。也只有这样，合作学习法才能调动学生的学习积极性，发挥学生学习的主观能动性，才能让每个学生都提高学习水平。

（2）目标导向原则。

在小学中，合作教学本身就是一种目标导向活动。采用合作教学法要求学习团队中的每名学生，都明确团队的学习目标，结合自身的角色定位，为了这个目标而努力。因此，虽然学习团队中每名学生的分工不同，但是团队的总体目标保持一致，有着鲜明的目标导向。

（3）信息互动原则。

应用合作教学法，学习团队的每个成员之间的信息都要进行交流，通过分享、讨论、辩论、分析等形式，使个人的信息成为团队的信息，使每名学生在信息的互动交流中逐渐成长。因此，应用合作教学法要注意信息互动原则，只有信息互动，才能体现合作教学法的效果。

（4）合作与竞争互补原则。

应用合作教学法，要明白学习团队中的每个学生与其他学生之间都是合作与竞争互补的关系。一方面，在学习团队中，学生互相合作，为了同一个目标而努力，这样，学生组成了一个学习共同体。同时，各个学习小组之间又存在着竞争关系，学习小组的每个成员，都要为了赢得竞争而努力。

（5）集体性与个体性统一原则。

应用合作教学法，要注重集体性与个体性统一原则。一方面，学习团队中的每个学生都应该掌握基础的知识和基本的学习方法，这是共性层面的能力。另一方面，学习团队中的每个学生都可以根据自身的情况和需求，就某一个知识点或者某一方面进行深入研究，实现个性化学习，从而进一步发展自己。

4.4.4.4 合作教学法的策略

采用合作教学法，要使用正确的策略，从而提升教学质量。

（1）分组策略。

实施合作教学法，在分组的时候要采取如下策略。其一，就近分组，这样便于沟通与交流。其二，学习能力强和学习能力弱的同学搭配，有助于互补。其三，性格活泼和性格内向的学生搭配，这样有助于活跃学习团队内的气氛。组内的角色可以有组长、记录员、汇报员、材料员等。

（2）讨论方法。

第一，共同学习式。需要共同学习解决问题，教师先授课，再提出学习任务或问题，要求学生在团队进行学习、讨论，团队共交一份作业，按照团队的成绩接受表扬或奖励。

第二，发散归纳式。需要发散归纳过程来解决问题。学生以团队为单位，每个人就讨论的主题提出自己的看法，记录人将组内成员意见全部记下来，然后由组内代表在全班陈述，再在各组陈述的基础上，集中全班陈述。

第三，调查探究式。学生在团队中运用合作性探究和设计展开学习活动。从整个班级都学习的单元中选出一个子课题后，各组将子课题细分为个人任务，落实到每个学生身上，并开展必要的团队活动，最后，每个团队做介绍，向全班交流小组的发现。

第四，互相提问式。它是注重培养学生发现问题的能力的一种方法，要求学生在自学的基础上，互相提问、相互解答。

第五，讨论辩论式。对于具有多元选择的问题，根据讨论的问题，把全班或组内分成正方和反方进行辩论，或根据课堂上自然形成的不同观点进行讨论。

（3）教学程序。

实施合作教学法，基本可以分为互学、展学、评价三个阶段。

第一，互学过程，成员职责明确，提高参与度。互学过程中需明确每个成员的职责。只有团队内分工明确，才保证探究过程有序开展。反之，容易出现合作过程混乱等现象。这样，不仅影响了课堂教学的效率，而且不利于团体意识的增强和探究能力的提高。

第二，展学过程，让学生学会汇报、倾听、质疑。团队汇报可以根据汇报内容，由全体成员或者部分成员完成，成员可以自己分工进行展学。

第三，教师有效指导和点评。在学生展学之后，教师要给予有效的点评。教师的点评内容应包括学生展学的表现和展学的观点两个方面。展学表现的点评包括学生的表达是否流畅、团队成员的分工是否合理；展学观点的点评，教师应做总结性发言，对团队情况给予描述性评价。

第5章 师范生教学手段能力提升

教学手段是师生教学相互传递信息的工具、媒体或设备。传统教学手段主要指一本教科书、一支粉笔、一块黑板、几幅挂图等。随着科学技术的发展，教学手段经历了口头语言、文字和图书、印刷教材、电子视听设备和多媒体网络技术等五个使用阶段。和传统教学手段相比，现代化教学手段是指各种电化教育器材和教材，即把幻灯机、投影仪、录音机、录像机、电视机、电影机、VCD、DVD、计算机等搬入课堂，作为直观教具应用于各学科教学领域。因现代化教学利用声、光、电等现代化科学技术辅助教学，又称为"电化教学"。师范生应用教学手段的能力（以下简称"教学手段能力"）是师范生重要的能力之一。在求职择业过程中，师范生拥有基本的教学手段能力，是师范生就业成功的基础。同时，师范生拥有高水平的教学手段能力，是师范生未来职业发展的重要保障。

5.1 教学手段发展在现代教学实践中的重要作用

随着现代科技特别是信息技术的迅猛发展，教学手段也在不断地进步，对现代教学实践产生了深远的影响。

5.1.1 教学手段发展适应学科知识发展

随着经济社会的不断发展、科学技术的不断进步，人类文明正在大步前进。随之而来，各学科的知识也在不断地更新换代。时至今日，我们可以清晰地看到，随着知识更新换代周期的缩短，不断有新知识融入教学体系。与原来知识不同的是，更新的知识难度更大、情况更为复杂，学习起来比较困难，需要必要的辅助手段，才能让学生更好地了解学科知识。在这种情况下，教学手段的发展势在必行。可以说，教学手段的发展适应了学科知识的发展，可以将学科知识更好地讲解出来，有利于学科教学的进行，在一定程度上也有利于减轻教师的教学负担。以机械模型为例，教师如果单纯依靠语言来描述机械模型，那么很难将机械模型描绘清楚，所以在传统的教学中，教师一般要借助挂图来进行机械模型的描述，但挂图毕竟是平面图，展示的效果有限。在现代教育技术手段加持下，教师可以借助 3D 动画来演示机械模型，从各个不同的角度让学生观察机械模型，可以很好地帮助学生认识、理解和记忆机械模型。

5.1.2 教学手段发展符合学生学习习惯

目前，随着网络技术的发展，人们越来越依赖网络进行学习和生活。特别是对于目前的学生来说，他们很小就接触了手机、平板电脑等智能产品，早已习惯在智能产品的屏幕上进行阅读和学习。在这个时候，若教师依然沿用单一的粉笔加黑板的教学手段，则与目前学生获取信息的习惯有很大的差异。况且，教师采用粉笔加黑板的教学手段，由于存在着板书书写的时间和擦黑板的时间，在耗费教师体力的同时，也会拖慢课程的进度，降低教学效率。如果教师采用基于信息技术的教学手段，那么更符合学生的学习习惯，在开展教学活动和学生接受知识方面都更加有利。

5.1.3 教学手段发展激发了学生的学习兴趣

从目前来看，教学手段的发展激发了学生的学习兴趣。很显然，随着教学手段的发展，教学形式变得更加丰富多彩。在传统的教学手段中，粉笔加黑板是常见的教学手段，这种教学手段虽然有利于知识的传授，但是在形式上过于枯燥，长时间进行教学，会给学生一种疲劳感。现代教学手段不同，现代教学手段利用文字、图片、音频、视频、虚拟仿真、人工智能等多种形式，使教学过程变得丰富多彩。所以，应用现代教学手段，可以增强教学过程的体验感，同时可能让学生更多地参与学习过程，全面激发学生的学习兴趣。另外，现代教学手段的发展，也能够根据学生的兴趣爱好，改造教学内容，比如在讲授书本知识的时候，可以用音乐作为学习背景引入，增强学生的感性认识，调动学生的学习积极性。

5.1.4 教学手段发展有利于学生更好地了解知识

更重要的是，教学手段的发展有利于学生更好地了解知识。对于学生来说，深入地理解知识，不仅需要有一定的感性认识，也需要有一定的知识基础。利用现代教学手段可以展示不同知识的内容，并且能够使知识内容更加形象，在学生的脑海里留下深刻的印象，帮助学生理解所学的知识。同样，利用现代教学手段还可以构建不同的教学情境，让学生在不同的教学情境中，了解知识所要表达的内容，这样，在感性认识的基础上，学生可以提升理性认识，从而实现理论与实践相结合，更加深入地理解所学的知识。

5.2 师范生教学手段能力提升对职业发展的价值

教学手段能力提升对师范生的职业发展具有重要意义。具体来说，体现在以下几点。

5.2.1 教学手段能力是师范生成为现代教师的必备素质

随着信息时代的到来，信息技术与教学的整合越来越深入，学生也越来越习惯信息技术改造后的课堂。也就是说，在未来的教学中，使用现代教学手段不可避免，因此，对师范生的教学手段能力也提出了更高的要求。对于一名有志于从事教师岗位的师范生来说，一定要高度重视教学手段能力的提升，将其作为成为现代教师的必备素质，只有这样，才能跟上教育发展的潮流，才能满足现代教师岗位对教师能力的要求。

5.2.2 教学手段能力是师范生求职择业的重要竞争力

同样，教学手段能力是师范生求职择业的重要竞争力。在师范生求职择业过程中，招聘单位十分重视师范生的教学手段能力。一方面，招聘单位将师范生的教学手段能力作为入职的基础能力，很多招聘单位不仅要看师范生是否取得相关的资格证书，还要在实践环节具体观察师范生的教学手段能力，如果师范生不具备现代教学手段能力，那么将很难获得教师的工作岗位。另一方面，良好的教学手段能力是师范生脱颖而出的重要因素，在师范生进行求职择业面试的时候，如果师范生具有良好的教学手段能力，比如师范生可以制作教育动画、有开发教育软件的能力，那么这将成为求职择业的重要砝码，师范生在就业过程中会受到招聘单位更多的青睐。

5.2.3　教学手段能力是师范生职业发展的必备技能

从长远来看，教学手段能力是师范生职业发展的必备技能。不可否认的是，随着科学技术的发展，教育技术的现代化将越加深入，在未来的教学中，将更多地体现现代教育技术的元素。在这种情况下，教学手段能力已经成为教师职业发展的必备技能，拥有良好教学手段能力的教师将获得更为广阔的发展空间；反之，教学手段能力较差的教师将处处受阻。所以，对于有志成为未来教师的师范生来说，要清晰地认识到，教学手段能力是师范生职业发展的必备技能，对师范生的职业发展影响深远。

5.3　师范生教学手段能力提升中存在的问题及解决办法

从目前来看，在师范生教学手段能力提升方面，依然存在着很多问题，需要进一步解决。

5.3.1　部分师范生对教学手段能力的重视不够

从目前来看，部分师范生对教学手段能力的重视不够，认为教学手段对教学质量的提升意义不大，把眼光更多地放在教学内容和教学方法上，有意或无意地忽略了教学手段能力提升。但事实上，教学手段与教学内容和教学方法是相辅相成的，如果没有教学手段的加持，那么很难有效地表达教学内容、很难有效地实施教学方法。由于部分师范生对教学手段能力的重视不够，很难主动去提升自己的教学手段能力，导致自身的教学手段能力低下，在进行教学实践的时候，往往有着良好的想法，却没有办法将良好的想法付诸实践，出现了"巧妇难为无米之炊"现象。

师范生必须要重视教学手段能力的提升，将其作为自己成为优秀教师的一个重要因素。只有这样，才有动力去真正提升自己的教学手段能力，才有机会全面完善自己作为教师的职业技能，才能够有效驾驭各类教学手段，全面提升自己的教学水平。

5.3.2 师范院校或师范专业对师范生教学手段能力重视不够

师范院校或师范专业对师范生教学手段能力的重视不够，是目前很多师范生教学手段能力不高的一个根本原因。很多师范院校或者师范专业并不重视教学手段能力提升，没有注意到信息技术带给教学领域的变化，对目前教学形式的判断处于滞后状态。很多师范院校或者师范专业对师范生能力的培养往往集中在知识能力和方法能力上，认为教学手段只是辅助手段，没有在课程教学上进行深入的探索，这使得很多师范生在教学手段能力上显得浅显，不能够应对高水平的教学活动。

师范院校或师范专业应该敏锐地关注到目前教学形式的变化，充分认识到改进教学手段对提升教学水平的重要性。在培养师范生的时候，要注意师范生教学手段能力提升，通过开设关于教学手段提升的系统课程，为学生提供提升教学手段能力的机会，帮助学生全面提升教学手段能力。

5.3.3 师范生教学手段能力提升路径有限

从目前来看，师范生教学手段能力提升的路径有限，也是影响师范生教学手段能力提升的重要原因之一。在师范院校或者师范专业教学过程中，即使开设了有关教育技术的相关学科，往往也只是在知识上给予普及，很难帮助师范生全面提升教学手段能力，师范生始终在实践方面处于空白状态。

为了解决这个问题，师范生可以通过以下几条路径，全面提升自身的教学手段能力。其一，师范生可以通过实习，尽量应用不同的教学手段，特别是先进的、创新的信息技术手段，全面掌握现代教育技术，将现代教育技术应用于实践。其二，师范生可以与专家或者在岗教师交流，了解现代教育技术在课堂中的应用，特别是要学习在岗教师应用现代教育技术的经验，通过学习提升自己的教学手段能力。其三，师范生可以通过网络资源，寻找网络上相关的教育视频，通过网络的在线教程，提升自己的现代教育技术，进一步提升自己的教学手段能力。

5.3.4　师范生教学手段能力提升缺乏持续性

事实上，教学手段的不断变化是根据现代教育技术的不断发展而产生的。因此，师范生教学手段能力提升也应该是不断进行的。但从目前来看，很多师范生并没有意识到教学手段能力需要不断提升，对教学手段能力提升缺乏长远的规划，往往浅尝辄止，这在很大程度上抑制了师范生教学手段能力提升，很容易使师范生教学手段能力处于落后状态，影响其教育教学水平提升。

因此，师范生对教学手段能力提升要有一个长远的规划。一方面，师范生要充分地认识到随着科技的不断发展、教学理念的不断进步，教学手段是在不断发展和进步的，因此教学手段能力是要不断提升的。另一方面，师范生要充分利用各种资源，提升自身的教学手段能力，比如关注网络上关于教学手段提升的视频，了解教学手段发展情况，并根据网上的教学手段教育资源，不断提升自身的教学手段能力。

5.4　师范生教学手段能力提升方向

随着现代科技的发展，越来越多的新的教育技术融入教学过程，未来教师的教学手段能力提升主要集中在以下几个方面。

5.4.1　VR 技术应用能力

VR 技术（虚拟仿真技术）是目前呼声很高的信息技术，教育界不断尝试将 VR 技术应用于教育教学。

5.4.1.1　VR 技术内涵

VR 技术是近些年涌现出来的前沿信息应用技术，在教育教学中有着广泛的应用和极大的应用潜力。

（1）VR 技术含义。

VR 技术是利用计算机技术模拟产生 3D 空间的虚拟环境，通过输出设备提供给学生关于听觉、视觉、触觉等感官的模拟，让学生身临其境，及时地观察 3D 空间内的事物，通过各种输入设备与虚拟环境中的事物进行交互。

VR 技术包含以下三方面内容：第一，VR 技术借助计算机技术生成的环境是虚幻的；第二，学生所产生的感觉（听、视、触、嗅等）是逼真的；第三，学生可以通过眼动、手动、口说和其他肢体动作等与环境进行交互，同时虚拟环境能够实时地做出反应。

（2）VR 技术特征。

VR 技术具有沉浸性、交互性、想象性等三方面特征。

第一，沉浸性。VR 技术通过为学生提供听觉、视觉、嗅觉等感官模拟，使学生身临其境。VR 技术使虚拟环境变得更加逼真，营造了真实感比较强的环境，使学生很难分辨环境的虚拟性，容易模糊现实环境和虚拟环境的界限，从而产生一种沉浸感。

第二，交互性。交互性指学生能够与模拟环境中的事物进行互动操作，最大限度地达到与客观环境的交互。在 VR 技术的应用中，学生不仅能够看到图像或者听到声音，而且能够对模拟环境做出操作。在 VR 技术中，学生要融入建立的 3D 空间，成为 3D 空间的一部分。

第三，想象性。VR 技术通过定性和定量两者的相互结合，使学生获得感性和理性的双重认识，从而受到启发并产生新的想法。VR 技术不仅可以还原现实场景，而且可以通过想象构建一个超越现实的场景，创建人脑中想象出来的虚拟场景。

（3）VR 技术分类。

第一，桌面 VR 系统。桌面 VR 系统是一款基于普通 PC 端的小型的 VR 系统，通过图形工作站和立体显示器产生虚拟情境。学生可以使用 3D 鼠标、数据手套、力反馈器或者其他手控输入设备，实现 VR 技术。

　　第二，沉浸式 VR 系统。沉浸式 VR 系统为学生提供完全沉浸的体验，使学生置身于一种虚拟世界。沉浸式 VR 系统的特点是学生利用头盔显示器把视觉、听觉封闭起来，从而产生虚拟的视觉。同时，VR 技术利用数据手套把学生的手感通道封闭起来，使学生产生虚拟触动感；语音识别系统让学生对系统主机下达操作命令，手、眼、头均有相对应的跟踪器的追踪，能够使系统达到实时性。

　　第三，分布式 VR 系统。分布式 VR 系统是基于网络虚拟环境的系统。在分布式 VR 系统环境中，多个学生同时加入一个 VR 环境，通过计算机和网络对虚拟环境进行观察和操作，从而实现学生间的交互，并共享信息。

5.4.1.2　基于 VR 技术教学

　　相比于传统的课堂，基于 VR 技术的课堂能够更好地激发学生的学习热情，促进学生有效学习。基于 VR 技术的教学有以下特点。

　　（1）教学环境虚拟化。

　　教学过程应该真实、具体，这样才有利于向抽象经验的延伸和过渡。VR 技术能够通过光线、图形、色彩和音效等视听元素，带给学生全方位的感知体验，形象地渲染出具有真实感的虚拟环境。学生在仿真学习情境中主动地进行知识构建，可以加强对研究的浓厚兴趣。

　　随着信息技术的发展，VR 技术能够利用计算机的硬件设备创建出高度仿真的虚拟教学情境，以此解决传统课堂因场地受限和实践费用过高等问题。同时，VR 技术在课堂上的应用使学生完全沉浸在与学习内容高度仿真的教学坏境中，并通过反复的实践获取经验，从而有利于进一步增强课堂教学效果、提高学生的素养。

　　（2）教学方式多样化。

　　VR 技术能够为学生提供丰富多样的学习方式，充分践行"因材施教"的教育理念。VR 技术使传统的课堂不再枯燥乏味，更加生动有趣，为学生提供更多主动探索的机会，促使学生可以随时与同学和老师进行线上或线下交流讨论，加强互动，产生良好的互动学习效果。在交互方式上，VR 技术更加符合当今学生的交互习惯，突破了传统虚拟技术的键盘输入和鼠标操作，进一步采用头眼追踪、手势识别和语音识别等技术，让学生能够更好地体验，相比于传统课堂教学学习效果更佳。

不难发现，VR技术通过创设高沉浸性的仿真虚拟环境，能够非常有效地刺激学生的各种感官，使其通过体验式学习进行积极探索，将抽象概念内化并主动检验吸收所学的知识和技能。此外，VR技术为学习活动的多样教学进一步提供了支持，有效地提高了学习活动的效率。

（3）教学活动趣味化。

对于学生来说，周围的一切事物都是新鲜的，他们对周围的世界充满好奇心和探究欲。基于VR技术的课堂，丰富多彩、生动逼真。学生在这样的教学环境中，被生动的试听效果环绕，身临其境，能够快速提升学习兴趣和学习动机。VR技术有助于激发学生的学习积极性和主动性，使他们轻松愉快地学习和探索，从而进一步提高学习效果。

基于VR技术的课堂具有沉浸性的特点，能够轻松地实现人机交互和人人交互，弥补传统课堂中多媒体教学课件的交互局限，使课堂具有游戏化的特征，同时贯彻"寓教于乐"的教育理念，调动学生思考探究的积极性，从而主动地发现和提出问题。基于VR技术的课堂有助于加强老师和同学之间的情感认知，使得教学氛围更加轻松、有趣，从而形成良好的课堂氛围。

5.4.1.3　VR教学设计

（1）设计目标。

教学目标和学习目标是VR课程资源开发与设计的重要考虑因素。教学要根据课程学习目标、学习内容、学生自我特征制订教学计划，并在实现教学目标的前提下提高教学效率。在VR教学课程实践过程中，通过VR技术设备，学生可以独自体验课程教学内容，通过与虚拟情景的互动来理解课程内容的重点等，掌握解决问题的方法与途径，通过实践操作进一步提高应用VR技术学习的意识和积极性，以及技术应用的综合素养。因此，VR课程资源的设计必须能够激发学生的好奇心，且能够促使学生将知识形象化，从而加深理解和记忆。

（2）设计原则。

无论是VR教学还是传统课堂教学，都必须以心理学和教育学为基础。

因此，教师需要依据学生的认知结构和身心发展特征完成 VR 课程资源的开发与设计，要注重满足学生的心理认知。VR 课程资源通过手柄和头盔操作实验过程，能在教学过程实现人机之间有效的互动。同时，VR 课程资源的设计不能太复杂，要直观，从而有利于帮助学生更好地理解实验中的现象，进一步熟悉实验过程中的原理。在设计 VR 课程资源的时候，一定要遵循直观性原则。学生还不能自我转化抽象思维，所以 VR 课程资源的交互式课程设计内容要简单易懂，既要激发学生的兴趣，又要充分发挥课堂教学的效果。VR 课程资源教学过程不能太抽象，要便于学生理解，通过简单的交互直观地展现自然现象，交互的界面要符合学生认知发展规律。此外，VR 课程资源的虚拟学习场景要具备真实性，要贴近教学中的实际情况，使教师和学生都能充分参与其中。

5.4.2　教师教学动画教学能力提升

在教育部 2018 年发布的《教育信息化 2.0 行动计划》推动下，各个学科与信息技术的融合势在必行，教学动画作为一种重要的数字化资源与信息技术手段，在课程中的应用具有非常大的现实意义。

5.4.2.1　教学动画教学概述

教学动画教学作为一种教学手段，能够极大地激发学生的学习兴趣，具有一定的认知功能，能提高知识的传递效率，同时是教师展现教学中复杂内容的一种教学辅助工具或手段。教学动画教学的特点是色彩丰富、新颖独特、动态表现力强。将其应用于教学，有利于直观、活泼、轻松地表现抽象复杂的知识内容。

教学动画能够以丰富的表现形式展现知识内容，是一门综合的艺术，是数字资源开发的重要元素。教学动画是人们追求可视化教学的具体体现形式之一，将教学动画应用于教育教学中有着积极的作用。教学动画作为一种学习工具，符合学生的思维过程，可以将复杂、抽象的知识形象化地呈现出来。教学动画能够改变学生的认知方式，对学生的课程学习起到积极的作用。

5.4.2.2　教学动画分类及设计要素

（1）教学动画分类。

不同类型的教学动画有着不同的性质与特点，明确教学动画的类型将有助于教学动画的设计与制作。根据学科教学内容、教学目标，以及教师、学生人群特点的不同，教学动画的设计制作可分为不同的类型。以下为教学动画的分类方式。

按照空间视觉效果不同，教学动画分为二维教学动画和三维教学动画。二维教学动画是现阶段主流形式，制作相对容易；三维教学动画，又称 3D 教学动画，相较二维教学动画，其视觉效果更佳，但制作难度相对较大，耗时也长。

按照播放效果不同，教学动画分为演示类教学动画和交互性教学动画。演示类教学动画预先设置观看顺序，连续播放，侧重演示；交互性教学动画能够实现学生与教学动画的实时交互，是未来教学的主流方式。

按照制作技术手段不同，教学动画分为手绘教学动画、摆拍教学动画和数码制作教学动画等。

按照服务对象不同，教学动画分为教材类教学动画和学习类教学动画。

（2）教学动画设计要素。

教学动画设计包括教学动画角色、场景、色彩色调、配音、节奏等。角色是教学动画的灵魂，在整个教学过程中，起到引导学生思路和沟通的作用；场景交代教学动画隐含的信息，同时起到渲染情绪氛围的作用；色彩色调起到辅助造型的作用，通过色相、明暗度、冷暖色对比来区分教学动画的层次，引导学生的感情；配音、节奏等能够辅助、烘托氛围，引起学生感官上的注意，增强学生观看时的沉浸感。

5.4.2.3　教学动画优势作用

在教学中，教学动画与静态图文相比，有很明显的优势。教学动画通过使用符号简化知识的复杂性，通过使用颜色、明暗度强调有关知识点，通过速度的变化突出重点内容，通过声音、动作等增强教学表现力。因此，采用教学动画的方式来表达教学内容，可以激发学生的学习兴趣，营造良好的学习氛围，将抽象与复杂的知识内容形象化和简单化，提高学生的理解、认知效率。具体来说，教学动画的优势有以下几个方面。

（1）突出特征，引起注意。

"兴趣是最好的教师"，学生只有对课程内容感兴趣，才愿意跟着教师学，认真听讲、积极思考、主动探究。教学动画作为教育教学新的教学方式，能够让知识内容的讲解表现得更加形象生动，充满趣味性，教学动画的表现形式能够引起学生的注意。

从内容角度看，教学动画可以利用视觉表现，把课堂中独立的元素联系起来，让知识连贯地表达，突出知识的关键特征，强化主题，突出教学的重难点，实现教学内容有秩序、有层次的呈现，充分吸引学生的眼球和注意力，激发学生的学习兴趣。教学动画可以利用画面中元素的字体、色彩明暗、位置变换等排版技巧与对比关系弱化次要信息，突出和强调重点内容，达到充分吸引学生注意力的目的。例如，在教学动画中，对于危险实验的操作，可用声音、图案、颜色、动作等对内容进行着重强调，引起学生的充分注意，达到警示与提醒效果。

（2）化繁为简，揭示本质。

从认知心理学角度分析，教学动画有以下优势：其一，教学动画符合认知心理学上的视觉捕捉习惯，可以将抽象复杂的知识内容转化为清晰、明了的动态图像；其二，教学动画的表现形式多种多样，既可以通过交互操作实现与学生的有效互动，又可以凭借连贯的播放展现事物的运动变化，最终使学生对知识的本质与内涵有清晰深入的理解和认知。

（3）虚拟形象，重现过程。

教学动画可以对学生的思维过程进行重现或再构建，让学生充分理解抽象事物的关键原理和方法背后的思考过程；可以进一步有效地表达知识、展现理念、讲明原理，帮助学生更好地掌握抽象的知识点。

5.4.3　线上教学能力提升

随着网络技术的发展，利用互联网进行教学，也就是开展线上教学，成为目前教学的重要方式。近年来，线上教学作为应对疫情的重要教学方式，为学校顺利开展教学做出了巨大的贡献。从目前来看，线上教学已经成为重要的教学手段，教师的线上教学能力已经成为其必备的教学能力。

5.4.3.1 师范生线上教学能力的重要性

线上教学具有跨越空间、即时开展的特征，成为目前学校教学的重要补充。很多学校非常重视线上教学的开展，这使得线上教学能力成为教师必备的教学能力。具体来看，对于师范生来说，线上教学能力的重要性体现在以下两个方面。

第一，师范生具有线上教学能力可以应对教学活动中的各种紧急情况。从目前来看，当所在地遇到极端天气、重大自然灾害、重大传染性疾病的时候，各所学校往往选择停课，在这种情况下，可以采用线上教学的形式来弥补线下教学的不足。因此，线上教学可以应对生活中的各种紧急情况，师范生只有掌握线上教学技能，才能在成为教师后，有能力开展线上教学，来应对教学活动中的各种紧急情况。

第二，师范生具有线上教学能力可以实现对课堂教学的补充。课堂教学的学时有限，因此，在课堂教学中，能够讲授的知识也是有限的。因为课时不足，所以无法讲授很多有用的知识。针对这种情况，可以开展线上教学，对课堂教学进行补充。比如学生安全教育问题，学校并没有设立单独的学时，教师完全可以采用线上教学的方式，对学生进行安全教育。由此可见，师范生具有线上教学能力，可以实现对课堂教学的补充。

5.4.3.2 师范生线上教学能力培养存在的问题

从目前来看，师范生线上教学能力培养存在的问题主要体现在以下几方面。

第一，师范生对线上教学的认识不够。很多师范生对线上教学的认识不够，思想还停留在传统的课堂教学，没有认识到线上教学已经发展成未来教学的一个重要形式。在这种情况下，师范生没有着重提升自己的线上教学能力，使得线上教学能力处于滞后状态，往往不能高水平、有效地开展线上教学。但事实上，随着这几年线上教学的普遍应用，很多用人单位已经开始关注线上教学这一点，在进行招聘的时候，部分用人单位已经开始考查师范生线上教学能力，因此，师范生有必要加强对线上教学的认识，将线上教学重视起来。

第二，师范生线上教学能力缺乏系统的教育。目前，在师范院校或者师范专业的教育教学中，还没有对师范生线上教学能力进行系统的培养，这也是目前师范院校或者师范专业教育教学滞后的一种表现。由于师范院校或者师范专业对师范生线上教学能力没有进行系统的教育，师范生很难形成系统的线上教学能力，这也是目前制约师范生线上教学能力发展的一个重要因素。

第三，师范生线上教学能力缺乏经验的积累。同样，在师范院校或者师范专业的实习实践中，也缺乏对师范生线上教学能力的训练，这使得师范生线上教学能力没有得到有效的提升，也没有积累过多的实践经验，影响了师范生线上教学能力的发展。

5.4.3.3　师范生线上教学能力培养的具体路径

师范生线上教学能力培养的具体路径有以下几种。

第一，师范生要高度重视线上教学能力的培养。一方面，师范生要认识到线上教学是未来教育的重要趋势和重要形式。作为新时代的教师，线上教学能力是必备的，因此要设法提升自身的线上教学能力。另一方面，师范生也要认识到，越来越多的单位在面试时考查师范生的线上教学能力，因此，具有良好的线上教学能力，也是师范生求职择业成功的重要保障。

第二，师范院校或师范专业要重视师范生线上教学能力的培养。一方面，师范院校或者师范专业要开设专门针对线上教学能力培养的课程，系统地培养师范生的线上教学能力。另一方面，师范院校或者师范专业要及时更新教学的内容，让师范生接触线上教学的前沿，使培养的师范生能够更好地满足用人单位的要求，能够更好地在教师岗位上发挥作用。

第三，师范院校和师范专业要帮助师范生积累线上教学的经验。一方面，师范院校或者师范专业要帮助师范生在实习中积累线上教学的经验，必要的时候，可以专门安排线上教学的相关任务。另一方面，师范院校或者师范专业要帮助师范生与专家或者在岗教师进行交流，通过沟通交流，借鉴专家或者在岗教师的线上教学经验，开阔师范生的视野。

第6章 师范生活动管理能力提升

师范生主要的就业岗位是教师岗位，但教师的功能并不是单一的，很多时候，教师需要组织学生的实践活动。特别是对于班主任来说，组织学生参与各类活动是常态化的工作，因此，提升师范生活动管理能力是非常必要的。目前，在学校招聘过程中，师范生活动管理能力也逐步纳入招聘时的考查内容。

6.1 师范生活动管理能力内容

师范生作为教师的主要来源，必须有活动管理能力。在教师的工作岗位中，活动管理是不可或缺的。师范生活动管理能力的内容一般包括以下几个方面。

6.1.1 活动策划能力

师范生要具有活动策划能力。对于师范生来说，未来需要走上教师岗位，除了课堂教学，开展各类活动也是需要面临的工作内容。特别是对于班主任来说，做好各项活动的管理工作是班主任的职责所在。管理各项活动，需要师范生有一定的活动管理能力。师范生需要有活动策划能力，主要体现在以下几个方面。

第一，师范生要有选择活动主题的能力。选择活动主题对于开展活动至关重要，事实上，对很多学校来说，开展的活动都是主题活动。如果活动的主题已经确定，那么为活动起个恰如其分的名字变得至关重要，这就需要师范生有能力选择与活动内涵相符、具有一定意义的主题名称。如果活动主题尚未确定，那么需要师范生根据活动的具体情况，提炼活动的主题。比如，在学雷锋活动期间，如何确定学雷锋活动的主题显得至关重要。因为学雷锋活动是一个较为宽泛的活动，体现的是内涵丰富的雷锋精神。在组织活动的时候，往往只能选择一个点来体现学雷锋活动。在这个问题上，可以集思广益，从不同角度入手，选择学雷锋活动的主题。如果师范生带领学生去敬老院学习雷锋，那么可以以敬老爱老的传统文化为主题，可以以"传承敬老文化，学习雷锋精神"为主题，将传统文化中的敬老文化和雷锋精神结合在一起，让传统文化和新时代精神相互融合。

第二，师范生要具有选择活动内容的能力。选择活动内容是开展活动的重要基础，事实上，内容的选择在某种程度上也决定了活动质量的高低。在选择活动内容的时候，师范生要把握以下几点。其一，在选择活动内容的时候，一定要围绕活动主题。也就是说，所选择的活动内容要服务于活动主题，将活动主题的元素融合到活动内容中，只有这样，活动的内容才会有方向感，主题才不会跑偏，才能够真正达到活动所要达到的目的。因此，在选择活动内容的时候，不应该特别随意，应该时刻铭记活动的目标。其二，在选择活动内容的时候，一定要结合需求实际。也就是说，活动不能脱离学生的具体需要，要紧紧结合学生的成长需要，满足学生的基本需求。因此，在选择活动内容的时候，不可好高骛远，一定要从学生的理解能力出发，满足学生的需求。其三，在选择活动内容的时候，一定要注意因地制宜。也就是说，活动内容不能是空中楼阁，一定要基于现实，不能考虑一些不切实际的东西。这样，活动内容既可以体现地方特色，也容易被学生理解接受，同时能降低活动的成本。其四，在选择活动内容的时候，一定要凸显教育意义。以教育为准绳选择和筛选内容，去粗取精、去伪存真。其五，在选择活动内容的时候，一定要实现广泛参与。也就是说，活动一定要让全体学生都能够参与，而不是将活动作为少数人展示的舞台，因为只有全体学生参与到活动中，才能全面发挥教育的价值，这样的活动才有意义。

第三，师范生要具有设计活动程序的能力。活动程序的设计对于活动的开展也是至关重要的，只有设计好活动的程序，才能按部就班地开展活动，才能保证顺利地完成活动，并提高活动的效率。一方面，师范生在设计活动程序的时候，一定要考虑仔细，考虑到活动的每个细节，考虑到活动的每个环节可能发生的情况，在深思熟虑的基础上，再进行活动程序的设计，这样设计的活动程序才不会被突如其来的因素扰乱，才能够正确地指导活动的开展。另一方面，师范生在设计活动程序的时候，一定要不断地优化，只有不断地优化活动程序，才能让更多的学生参与到活动中，让更多的学生在活动中受益，有效降低活动的成本，压缩活动的时间，提高活动的效率，有效地保证活动顺利开展，才能最大限度地体现活动的教育价值。

6.1.2　活动组织能力

师范生不但要有活动策划能力，而且要有活动组织能力。师范生的活动组织能力主要是指师范生在活动中的动员能力、安排能力。这两点对于教师来说至关重要。

一方面，师范生在活动中要有动员能力。动员对于活动的开展是非常必要的，只有有效的动员，参与的学生才能够明白活动的目的和活动的意义，才能够热情高涨、充满信心地投入活动。如果动员活动做得不好，有的学生会对活动缺乏热情，有的学生会对活动一头雾水，有的学生会对活动提出质疑，大多数学生则随波逐流。如果是这样，那么活动很可能失去原有的价值。因此，在开展活动之前，师范生一定要对学生进行如下几个方面的动员：其一，要让学生明白活动的目标，这样，学生的活动才有方向，才知道如何开展活动；其二，要让学生明白活动的意义，这样，学生的活动才有价值，才知道为什么要开展活动；其三，要让学生明白活动的亮点，这样，学生在活动过程中才有热情和兴趣，才能够全身心地投入活动。

另一方面，师范生在活动中要有安排能力。师范生在开展活动之前，一定要明确全体学生的角色，对不同的角色进行分工，让学生各司其职，协同配合，只有这样，才能够在活动中发挥学生之间的合力，顺利地完成各项活动。师范生在安排方面必须要做到两点：第一，不仅要对各个角色进行分工，而且要求各个角色之间相互配合，让学生集体成为一个整体；第二，在分配角色的时候，一定要照顾全体学生，虽然角色有主要角色和次要角色，但一定要让所有学生都知道自己的重要性，这样，所有的学生才会有参与感，活动的覆盖面才会更广，教育效果也会更好。

6.1.3　活动控制能力

师范生在活动中一定要有控制能力。控制能力是活动中必备的能力，也是教师组织活动的必备能力，决定着教师能否顺利有效地完成活动。对于师范生来说，活动中的控制能力主要体现在以下两个方面。

第一，师范生的活动控制能力主要体现在对活动节奏的把握上，即掌控活动的节奏。教育活动往往由许多环节组成，如何正确安排这些环节？如何正确开始这些环节？如何正确结束这些环节？如何准确分配各个环节的时间？如何有效衔接各个环节？这些都是活动组织者需要考虑的问题，而这些也体现了师范生的控制能力。也就是说，在教育活动过程中，师范生要准确把握活动的节奏，合理分配活动的时间，做好各个环节的衔接，该开始活动的时候要及时引领学生进入角色，该结束活动的时候则要做好活动的结束工作，不可拖泥带水。只有师范生把握好活动的节奏，教育活动才能井然有序地进行，教育活动才能有序地开展。

第二，师范生的活动控制能力也体现在对突发问题的处理上。教育活动中难免出现一些突发问题。在这个时候，师范生要沉着冷静，思考解决问题的办法，并果断处理，确保将损失降到最低，并保障活动的顺利进行。当发生突发问题的时候，师范生一定要先判断突发问题的性质。如果是可控的突发问题，那么要尽快找到解决的办法；如果是不可控的突发问题，那么需要立即救援。师范生一定要做好学生的心理工作，不能让突发问题继续蔓延，要稳住学生的心态，果断处置。

6.1.4　活动总结能力

师范生的活动总结能力是师范生的活动管理能力的重要组成部分。在活动结束之后，师范生要对活动进行总结，这种总结具有很强的教育意义，是教育活动的点睛之笔，也是师范生活动管理能力的重要体现。第一，在活动结束以后，师范生要现场对活动进行总结。一般来说，师范生在现场对教育活动进行总结，往往是鼓励学生，并对教育活动的成果加以评价。第二，师范生要给参与活动的学生布置相应的任务，比如递交书面心得体会等，师范生要对这些书面材料进行批阅，了解每个人对活动的参与情况和相应的收获。第三，师范生要结合活动情况和学生递交的书面心得体会，对活动进行全面的分析，找出存在的不足和可改进的空间，以便在下次活动中进行调整。

6.2 师范生活动管理能力意义

师范生活动管理能力的意义有如下几个方面。

6.2.1 提升活动效率

良好的活动管理能力，可以提升教育活动的效率。教师是教育活动的策划者、组织者和实施者，因此，师范生的活动管理能力对活动的开展至关重要，特别是在提升活动效率方面，师范生的活动管理能力占据着重要的位置。第一，师范生具有良好的活动管理能力，可以通过优化活动程序提升活动效率，尽量减少不必要的活动程序，合并重复的活动程序，让活动的各个环节有机结合，让学生相互配合，从而达到提升活动效率的目的。第二，师范生具有良好的活动管理能力，可以通过强化活动组织提升活动效率，合理安排每个人的角色，明确每个人的分工，让学生之间相互配合，形成合力，从而推动活动的发展。第三，师范生具有良好的活动管理能力，可以通过分配活动资源提升活动效率。在教育活动中，活动资源是极其有限的。活动资源的范围是较为宽泛的，包括活动的时间、活动的场地、活动的设备等。如果师范生能够很好地分配这些活动资源，那么就能让更多的学生参与到活动中，从而提升活动效率。对于师范生来说，良好的活动管理能力可以保证教育活动有效进行，从而提升教育活动的整体效益。

6.2.2 增强活动体验

良好的活动管理能力，可以增强学生的活动体验。第一，如果师范生具有良好的活动管理能力，那么可以确定学生喜爱的活动主题，使学生对活动感兴趣，能够热情地参与到活动中。如果师范生没有为学生提供感兴趣的活动主题，那么很多学生将对活动采取冷淡甚至拒绝的态度，自然也就没有办法提高参与感和体验感。第二，师范生具有良好的活动管理能力，可以设计丰富多彩的活动内容，在活动内容中寓教于乐，让学生开开心心地完成教育活动，不仅能从活动中收获知识和经验，而且能从教育活动中感受生活的美好。第三，师范生具有良好的活动管理能力，能够让每个学生都进入自己的角色，明确自己的分工，找到自己在教育活动中的位置，沉浸式体验教育活动。在这种情况下，学生很容易拥有获得感，并深深喜欢上教育活动。

6.2.3　提升集体凝聚力

对于师范生来说，良好的活动管理能力，可以提升学生之间的集体凝聚力。一般来说，学校的教育活动是以集体的形式开展的，特别是在基础教育阶段，往往是以班级的形式来开展的。在通常情况下，虽然学生在同一间教室上课读书，但是之前并没有特别多的交流机会，因此班级的凝聚力也不足。教育活动可以让全班学生在教育活动的平台上协作分工、形成合力，在这个过程中，学生之间互相了解、互相配合、互相帮助，从而形成强大的凝聚力。需要特别注意的是，全体学生参加教育活动有着共同的活动目标，这保证了全体学生为了同一个目标而努力，是一个真正意义上的团队，因此可以极大地促进班级凝聚力的形成。在教育活动过程中，师范生要明确教育目标，设定学生的角色，明确学生的分工，给学生自由发挥的空间，促进班集体成为有机的整体，从而提升集体凝聚力。

6.2.4　体现教育价值

良好的活动管理能力，可以体现教育活动的教育价值。教育活动的实施，其目的是通过教育活动促进学生的成长，帮助学生成长成才。因此，教育活动并不是简单的活动，还要体现其教育价值。在这种情况下，如果师范生没有管理好教育活动，让学生自由发展，那么教育活动很可能失控。在混乱的活动中，往往不能够凸显教育活动的教育价值，教育活动的教育价值也发挥不出来。因此，只有师范生有着良好的活动管理能力，才能有效地把握好活动的各个环节，才能引导整个教育活动，在活动的内容中融入更多的教育元素，让学生有更多的教育体验。通过教育活动的开展，强化对学生的教育，让教育活动成为学校教书育人的重要路径，从而充分体现教育活动的教育价值。

6.3 师范生活动管理能力存在的问题

师范生活动管理能力存在的问题主要有以下几个方面。

6.3.1 缺乏对活动管理能力的重视

从目前来看，很多师范生缺乏对活动管理能力的重视。事实上，在传统的教师任务清单里，很少看见活动管理这一任务。在传统的对教育教学活动的认识中，教师的主要任务是课堂教学，对于组织学生活动，并未十分重视，这也造成了师范生对活动管理能力的忽视。随着教育的发展，教育教学的内容逐渐丰富，学校课外活动与实践活动逐渐增多，这也从客观上要求教师只有具有一定的活动管理能力，才能够胜任实践活动中的学生管理工作。从目前来看，无论是个人还是师范院校、师范专业，都没有针对师范生的活动管理能力做特别的要求，这也使得师范生的活动管理能力一直没有被强化和提高。

6.3.2 缺乏活动策划能力

从目前来看，很多师范生缺乏活动策划的能力，具体表现为以下几点：第一，很多师范生不能完整有效地策划一项活动，对于活动的安排没有头绪，很难厘清活动的目标，很难制作活动的方案，很难确定活动的程序，很难利用活动的资源，导致很多时候活动混乱不堪；第二，很多师范生不能在活动中加入自己的创意，往往借鉴别人的活动方案，使得活动千篇一律，缺乏亮点，活动过程更像是走一个程序；第三，很多师范生不能在活动中增加活动的亮点，活动索然无味，使学生对活动失去热情，在活动中找不到应有的乐趣，只能应付了事。

6.3.3　缺乏活动组织能力

从目前来看，很多师范生缺乏活动组织的能力，具体表现为以下几点：第一，很多师范生在活动前缺乏动员的能力，不能很好地动员学生参与到活动中，甚至很多学生因为没有得到有效的动员而抗拒活动，影响活动的效果；第二，很多师范生在活动过程中，不能对学生进行有效的定位，使学生找不到自己的角色，从而容易使活动出现混乱场面，同样影响活动的效果；第三，很多师范生在活动过程中，不能实现活动各个环节的有效衔接，有些环节甚至脱节，出现"空场"的局面，如果这些情况多了，那么会使学生对活动逐渐失去兴趣和热情。

6.3.4　缺乏活动控制能力

从目前来看，很多师范生缺乏活动控制能力，具体表现为以下几点。第一，很多师范生不能很好地把握活动的节奏：要么活动的节奏过于拖沓，使学生感到无所事事；要么活动的节奏过于紧凑，使学生感到疲惫。学生很难在活动中收获好的体验，自然不愿意参与活动。第二，很多师范生不能在活动中把握活动的度，没有活动纪律，没有告诉学生应该做什么、不应该做什么，从而容易出现一些意外状况，给活动的开展带来麻烦。第三，很多时候师范生在活动过程中，不能对学生进行及时的指导，不能及时纠正学生的错误，学生在活动中没有得到应有的帮助，从而对活动产生一定的抗拒。

6.3.5　缺乏活动教育能力

从目前来看，很多师范生缺乏活动教育的能力，具体表现为以下几点：第一，很多师范生不能在教育活动中很好地贯彻教育的内容，使活动内容与教育内容相分离，使活动的教育功能大打折扣；第二，很多师范生不能在教育活动中拓展教育的内容，往往将活动局限在一个很小的范围内，使学生不能展开联想、不能充分发挥发散思维，影响了活动的教育效果；第三，很多师范生不能在活动后进行有效的总结，往往递交一些形式主义的材料，这样会使活动的教育效果流于形式，而没有真正地让教育的效果入脑入心。

6.4 师范生活动管理能力提升路径

师范生活动管理能力的提升路径主要有以下几个方面。

6.4.1 深化对活动管理能力的认识

要提升活动管理能力，需要深化对活动管理能力的认识。师范生要认识到，对于教师岗位来说，学生活动管理是一项重要的内容，是促进学生成长成才的重要路径。有效管理学生活动可以更好地发挥教育活动的育人功能。所以，师范生要不断学习活动管理的相关知识，不断积累活动管理的相关经验，全面提升活动管理的水平，为学生的成长成才服务。

6.4.2 提升活动策划能力

如果要提升活动管理能力，那么就需要提升活动策划的能力。师范生要学习活动策划的相关知识，了解活动策划的相关流程，明确活动策划的相关要素。同时，师范生要结合教育活动的目标，结合自身所拥有的教育资源，勇于创新。特别需要说明的是，师范生在策划活动的时候，要将教育元素融入活动，并鼓励学生参与到活动中，不能将学生排除到活动外，那样，教育活动容易成为教师的"独角戏"。

6.4.3 提升活动组织能力

如果要提升活动管理能力，那么就需要提升活动组织的能力。一方面，师范生应该提高活动动员的能力，做好活动前的预热，交代活动前的注意事项，做好活动前的准备工作，为顺利开展活动打下基础。另一方面，师范生要明确活动中各个学生的角色，避免出现活动中角色混乱的情况，在明确学生各个角色的基础上，给予学生足够的激励，使学生尽快进入活动角色。

6.4.4 提升活动控制能力

如果要提升活动管理能力，那么就需要提升活动控制的能力。一方面，师范生要把握好活动的节奏，根据不同阶段、不同内容确定活动节奏的快慢。另一方面，要把握好活动的度，注意控制活动的范围和限度，避免意外情况和紧急情况的发生。此外，要根据活动中容易出现的问题，在必要的时候给予学生必要的指导，让学生感觉自己始终在教师的陪伴下完成活动。

6.4.5　提升活动教育能力

如果要提升活动管理能力，那么就需要提升活动教育的能力。一方面，师范生在活动过程中，要突出教育元素。需要注意的是，在突出教育元素的时候，不要生搬硬套，要将教育元素融入活动，达到润物细无声的效果。另一方面，师范生在活动之后，要对活动的内容进行总结和拓展，并在总结和拓展过程中，进一步巩固教育成果。

第7章 师范生评价能力提升

教育评价是教育的指挥棒，教育评价对教育的改革与发展至关重要。对于师范生来说，懂得教育评价特别是学生评价，对于教学开展和学生管理至关重要。虽然学生评价对师范生在求职择业过程中的影响并不明显，但对师范生未来的职业发展却是极为重要的。

7.1 学生评价审视

学生评价是教师工作中重要的一环，师范生要高度重视学生评价，学会合理使用学生评价，提升教育教学水平，促进学生成长成才。

7.1.1 学生评价的含义

学生评价，顾名思义，是指在教育教学中，教师对学生进行评价，全面评估学生的学习情况、发现教育教学中存在的问题，以便更好地开展教育教学。

需要注意的是，目前在学校的学生评价中，通常采用的学生评价方式通过考试进行，也就是通过考试成绩来判定学生的成长成才情况。然而，单单依靠考试很难实现学生评价，师范生要深入学习和研究学生评价，才能根据具体的实际情况，开展有效的学生评价。

7.1.2 学生评价的特点

学生评价具有以下几个特点。

其一，学生评价主体具有多元性的特点。在进行学习学生评价的时候，师范生要注意学生评价的主体具有多元性。也就是说，在教育教学中对学生进行评价，教师并不是唯一的主体。除了教师，学生本身及学生的同伴（与之合作的学生），同样可以成为学生评价的主体。

其二，学生评价内容具有多元性的特点。在进行学生学习评价的时候，要注意学生评价内容具有多样性。也就是说，在教育教学中对学生进行评价，掌握知识的程度并不是唯一的评价标准，除了增长知识，学生在其他方面的成长，也是学生评价的重要内容。

其三，学生评价方式具有过程性的特点。在进行学生学习评价的时候，要注意学生评价方式具有过程性。也就是说，在教育教学中对学生进行评价，要特别注意过程性评价，而不是结果性评价，要在评价中既发现学生的优势，又发现学生的不足，这就需要着眼于学习过程，通过学习过程的细节进行评价，全面提高学生的知识和能力。

其四，学生评价结果具有开放性的特点。在进行学生学习评价的时候，要注意学生评价结果具有开放性。也就是说，在教育教学中对学生进行评价，要特别注意其评价结果不是一纸定论的，而是具有开放性。这种开放性主要指两个方面：一是尊重学生的差异，尊重结果的不同；二是尊重学生现在的基础，对未来提出可行性要求。

其五，学生评价目标具有发展性的特点。在进行学生学习评价的时候，要注意学生评价目标具有发展性。也就是说，在教育教学中对学生进行评价，要特别注意评价的目标一定要着眼于学生的发展，而不是强求学生必须要达到一定的知识标准或者能力标准。只有这样，才能鼓励学生继续探索前进，实现能力的科学提升。

7.1.3　学生评价的功能

一般来说，学生评价具有以下几种功能。

7.1.3.1　导向功能

导向功能是教育评价最重要的功能之一。对于学生评价来说，导向功能是教育评价的主要功能之一。学生评价在导向功能方面主要体现在以下几点：一是学生评价引导课程内容的发展方向，使课程内容朝着满足学生的需求、引起学生的兴趣方向发展；二是学生评价引导教学方法的改革方向，使教学方法的改革朝着先进性、有效性方向发展；三是学生评价引导学生的发展方向，可以根据评价修正教学目标，促进学生的发展；四是学生评价引导教师的发展方向，引导教师职业生涯的发展。

7.1.3.2　诊断功能

诊断功能是最常见的教育评价功能。对于学生评价来说，利用其诊断功能可以发现学生在教学中展现的优势和存在的不足。教师可以根据学生评价的结果，有针对性地进行教学改革，提升教学质量。针对部分学生的共性问题或个性问题，也可以实现精确化指导，帮助学生发挥自身的优势，弥补自身的不足，丰富知识，提高能力水平。

7.1.3.3　激励功能

激励功能是人们近年来比较重视的教育评价功能。对于学生评价来说，激励功能是极其重要的功能。教师可以通过学生评价，激励学生正确看待学习，增强学生学习的信心，帮助学生挖掘自身的优点，找到正确的学习方法，获得学习的动力，从而帮助学生在学习的道路上不断进步，不断提升自己的学习能力和学习成绩。

7.2　师范生评价能力重要性

对于师范生来说，具有良好的学生评价能力，对其求职择业和职业发展有着重要作用。

7.2.1　师范生学生评价能力对于求职择业的作用

在师范生求职择业过程中，学生评价能力起到一定的作用。在以往的求职择业过程中，用人单位对师范生学生评价能力的考查相对较少。但随着教育的发展，学生评价变得越来越重要，很多用人单位开始考查师范生的学生评价能力，这使得师范生的学生评价能力逐渐成为用人单位招聘的一项指标。有些用人单位，在师范生试讲的时候，安排了学生评价的环节，这使得师范生重视自身学生评价能力的提升，以有利于求职择业。

7.2.2　师范生学生评价能力对于职业发展的作用

如果师范生加入教师队伍，从事教师岗位的工作，那么学生评价能力无疑是非常重要的。其一，师范生可以充分发挥学生评价的激励作用，激励学生奋发向上，从而提升教学效果。其二，师范生可以充分利用学生评价，增加与学生沟通交流的机会，建立和谐的师生关系。其三，师范生可以充分利用学生评价的结果，发现自身教学中的不足，查漏补缺，提升自身的教学能力。

7.3　师范生评价能力内容

对于师范生来说，良好的学生评价能力包括以下几个方面。

7.3.1　正确认识学生评价能力

培养良好的学生评价能力，要有正确认识学生评价的能力。师范生要将学生评价能力作为自身能力的重要组成部分，通过不断地学习、不断地探索，提升自身的学生评价能力。随着教育改革的不断深入，人们越来越发现学生评价的重要性，作为学生发展重要的指挥棒，学生评价对于学生的成长成才具有导向作用、诊断作用和激励作用。在这种情况下，学生评价的作用应该被重视起来，作为促进学生成长成才的重要工作开展。师范生作为评价者，要高度重视学生评价的作用。这就要求师范生应该具有良好的学生评价能力，这样才能胜任学生评价工作。

7.3.2　确定学生评价标准的能力

培养良好的学生评价能力，要有确定学生评价标准的能力。一方面，师范生要根据教学情况、学生的需求来制订学生评价的标准，评价的标准既可以是质性评价的标准，也可以是量化评价的标准。需要特别注意的是，评价的标准要有过程性和发展性，要能反映学生学习活动的过程和学生学习水平的发展情况。另一方面，师范生要不断调整学生评价的标准，形成动态的评价标准，以适应学生评价的需要。

7.3.3　选择学生评价模式的能力

培养良好的学生评价能力，要有确定学生评价模式的能力。师范生要根据具体的评价主体、评价目标、评价内容和评价对象，设计可行的评价模式。在学生评价过程中，除了必要的学科教学实施考试评价的模式，其余的评价尽可能采用灵活的评价模式，比如档案评价模式等。

7.3.4　利用学生评价结果的能力

如果要培养良好的学生评价能力，那么就要有利用学生评价结果的能力。学生评价的结果是非常宝贵的资源。因为学生评价的结果，既反映了目前学生学习发展的情况，也反映了教师教学开展的情况。因此，师范生要充分利用学生评价的结果，提升教育水平和学习水平。师范生要充分利用学生评价的结果，诊断学生在学习过程中出现的问题，给予学生合理的建议，帮助学生解决学习中的问题，进一步提升学生的学习水平。对于师范生来说，要充分利用学生评价的结果，发现自身教学中存在的一些问题，再结合教学实际进行精确分析，形成改进方案并执行，从而逐步提升自己的教学水平。

7.4　学生评价实施

要想使学生评价在学生的成长成才过程中发挥作用，有效实施学生评价是关键。因此，师范生要了解学生评价的知识，积累学生评价的经验，有效实施学生评价。

7.4.1　学生评价原则

学生评价是一项复杂的教育活动，也是教育教学的重要环节，在实施学生评价的时候，教师要注意遵循以下原则。

7.4.1.1　多元化原则

在教育教学中，教师对学生的评价要遵循多元化的原则。

其一，评价内容多元化。教师要强调学生是课堂的主体，让学生自主体验，学生在参与教育教学活动过程中，除了获得知识的增长，还能获得技能的增长，同时促进情感态度与价值观的养成。因此，对于教师来说，对学生进行评价内容要包括知识、技能、情感态度和价值观，且尽量不能有主次之分，因为只有全方位的评价才能促进学生的全面发展。

其二，评价主体多元化。对学生进行评价，不能将教师作为唯一的主体，因为教师对学生的发展观察内容有限，很难全面评价。另外，教师的精力也有限，很难仔细观察每名学生。所以，在对学生进行评价的时候，要让学生评价主体多元化，要让学生本人、教师、同学及家长等各类评价主体都参与学生评价。各类评价主体的评价有各自的好处：学生进行自我学习评价有助于其客观地认识自己的学习过程，了解自己的优点与不足，明确前进方向；他人评价能够有效促进学生对问题的交流与探讨，以他人之长，弥补自己的不足，从而使学生得到更全面的成长与发展。

其三，评价方法多样化。毋庸置疑，世界上没有两片一样的树叶，学生同样存在个体差异。有的学生思维比较活跃，有的学生操作能力比较强，有的学生比较擅长归纳总结。因此，根据发展性评价观念，在教育教学中对学生进行评价，不能只看学生的考试成绩，还要充分考虑学生的学习过程，实施过程性评价。成绩测试仅仅是检验学生对知识的掌握情况，而过程性评价更侧重于学生在实践中的创新精神与自我探究能力，以及与他人交流合作、分享表达的能力。

7.4.1.2　动态化原则

在教育教学中，教师对学生的评价要遵循动态化的原则。

学习是一个持续的过程，是一个动态的过程，每名学生在不同节点的学习状态是不一样的。因此，当对学生的学习进行评价时，要根据具体情况，坚持动态化原则，同时用发展的眼光看待学生的学习过程，看到学生潜在的进步空间，对学生表现出来的长处要及时肯定，对学生表现出来的不足要进行适当的引导和鼓励，让学生获得自信，以此充分激发学生的学习兴趣和参与活动的热情。

只有坚持在教学过程中开展动态化评价，学生的学习状态才能得到及时的反馈与激励，才能强化学生的学习动机，促进学习的持续开展。由此可见，采用动态化教学评价，体现了素质教育的思想，强调学生在课堂中的主体地位，对学生学习积极性的提高、自主实践学习能力的发展有着重要作用。

7.4.1.3 全面化原则

在教育教学中，教师对学生的评价要遵循全面性的原则。

传统的学生评价注重对学习的诊断性评价、过程性评价和总结性评价。随着学生评价理念的更新和学生评价经验的积累，要求将这三方面的评价有机结合起来，形成一个动态的、具有整体性的评价体系。这体现了学生评价的全面性，即学生评价的角度是全方位的、评价对象是全员的、评价时间是全过程的，充分利用教学活动中体现出来的各种可以促进学生知识与技能发展、情感态度与价值观培养的评价信息。

为了让学生评价更具客观性、发展性，必须将学生评价融入教学过程，进一步发挥学生评价对教学活动的促进作用。教学活动中的评价信息不仅来自课堂，还来自课外活动和社会实践，这就要求教师除了积极主动收集学生课堂内外体现出来的利于学生素质发展的信息，还要善于设计各种评价工具，进一步引导学生自行收集学习活动过程中的评价信息。因此，在教育教学中，不能仅对学生的知识学习进行评价，同时要充分考虑学生在探索过程中各方面的发展。学生是学习与活动的主体，这就要求在教育教学中进行学生评价时，除了对学生的知识掌握情况进行检验，更要关注学生综合能力的发展。

7.4.1.4 互动性原则

在教育教学中，教师对学生的评价要遵循互动性的原则。

教学评价的主体是多元的，并不单是以教师作为教学评价的主体和以学生作为被评价的对象。从目前来看，在教育教学中，还有学生自评、小组评价，其中有些评价（如学生互评）是相向的。

在教育教学中，只有多种评价方式结合起来，相互作用，才能最大限度地发挥教学评价对师生成长的积极意义。从目前来看，需要强调学生的自我评价，通过进行自我评价活动，学生可以及时了解自身取得的进步与不足，对照学习目标进行反思总结，促进自主学习与自我成长。与此同时，学生自我评价的结果对于教师改进教育教学工作也大有裨益。

7.4.2 学生评价的形式

在教育教学中，要采取多种评价的形式，对学生的学习情况和活动情况做全面的了解。只有这样，才能给予学生恰当的评价，促进学生素养的提升和能力的发展。

7.4.2.1 观察评价法

在教育教学中，观察评价法是一种常见的评价形式。

观察评价法是指评价者有目的、有计划地利用自己的各种感官和一些辅助工具对被研究对象的行为表现进行直接观察，从而获取教学评价信息的一种方法。

在教育教学中，应用观察评价法，强调学生作为课堂的主体，教师对学生的学习过程进行观察评价时，要以促进学生的发展为中心，在教学活动中充分关注学生的学习状态及课堂表现，对学生在活动中取得的进步与成果给予及时的肯定和表扬，对学生遇到的学习困难给予适当的引导和鼓励。

教师在教育教学中采用观察评价法，除了关注学生对知识的理解、掌握情况，还应该充分关注学生在活动过程中表现出来的思维、整理归纳、动手实践、与他人合作、交流表达等能力。只有对学生课堂学习进行全面的观察，才能做出客观的、有利于学生综合发展的学生评价。

7.4.2.2 谈话评价法

在教育教学中，谈话评价法是一种常见的评价形式。

谈话评价法是评价者根据一定的目的和提纲与被研究对象进行语言交流而获取信息的一种方法。

在教育教学中，教师对学生进行谈话评价，既可以在课堂中进行，也可以在课堂结束后开展。在谈话前，要拟好谈话的内容与提纲，有明确的谈话目的，谈话内容要结合学生的认知水平，编排好问题的顺序。在谈话过程中要，把问题表达清楚，不能对学生的回答进行引导和暗示，记录好谈话的具体内容。

教师使用谈话评价法对学生进行评价，不仅能够了解学生的学习结果，还能够进一步掌握学生在学习过程中的情况。同时，能更好地了解学生的学习需求，便于后面教学的有效开展。

7.4.2.3 记录评价法

在教育教学中，记录评价法是一种常见的评价形式。

记录评价法是通过记录的形式，获取评价的第一手资料，然后根据记录的材料进行评价。

学生的成长是一个不断变化的过程，学生的成长是多方面的，是随着学习的开展不断变化的，要对学生的学习进行评价，就要将学生的成长变化记录下来。学生可以写学习成长日志，通过自我总结、反思促进素养的自我提升。

教师也可以记录班级的学习变化情况，或者准备学生个体的学习成长记录单，通过前后的对比来对自己的教与学生的学进行评价分析。学生通过记录自己的学习变化情况，能够有效激发学习兴趣，增强学习的自信心。

7.4.2.4 考试评价法

在教育教学中，考试评价法是一种常见的评价形式。

考试评价法是最常用的评价形式，也是最主要的评价方式，应用考试评价法可以进行评价的精准量化，同时有一定的诊断功能和筛选功能。

考试历来是评价教学效果的重要举措。新时代，考试的目的、内容、方法，以及对考试结果的评价都有所改变。在教育教学中，进行考试的目的是了解学生的综合学习情况，方便学生及时查漏补缺，促进学生全面发展。同时反馈教师的教学方式方法实施所取得的成效，方便教师进行教学反思与总结，及时调整教学方式，促进教师教学水平的提高。且考试情况也能反映出教材课程设置的合理性，方便进行更具教育意义的教学改革。

设置考试的内容要以促进学生素养的提升为目的，对学生的知识、技能、学习过程与方法、品德等方面进行考核。在方法上多设置灵活的主观题型，鼓励学生自主思考，创新问题的解决策略；在对考核结果评价上，要坚持发展性、多元化的原则，在关注考核结果的同时，还要看到学习过程，更要看到学生的潜力，从多角度、多方面去看待、分析学生的考试结果。

第8章　师范生求职择业技巧提升

在师范生求职择业过程中，如果能够掌握求职择业技巧，那么可以在求职择业过程中，充分地展示自己，为自己赢得工作机会。因此，师范生有必要提升自身的求职择业技巧。

8.1　师范生求职择业准备

求职择业是一项复杂的工作，如果师范生想顺利地开展求职择业工作，那么必须有充足的准备。在毕业之前，师范生应该对自己的求职工作做相应的准备。

8.1.1　师范生就业心理准备

在求职择业之前，师范生要做好就业的心理准备。对于师范生来说，由于长期以来扮演着学生角色，要从学生角色转变为教师角色，是一个不小的跨越，所以在心态上要做一系列的调整。

首先，师范生要端正态度。师范生求职择业是为了获得工作岗位，特别是教师工作岗位。在这个过程中，师范生要积极应对，积极做好各项准备工作，积极参与每一次招聘活动。避免出现以下两种情况：其一，对待求职择业工作的态度冷漠，不关心求职择业工作，抱着无所谓的态度，表现得松松垮垮，这样很难赢得用人单位的青睐；其二，逃避求职择业，用公务员、研究生考试等为借口，对待求职择业采取敷衍的态度，能拖就拖，不敢面对各项招聘活动。

其次，师范生要摆正心态。师范生求职择业不仅为了开启人生新的篇章，也是一次真刀真枪的锻炼。师范生要摆正自己的就业心态，做到以下几点：第一，不好高骛远。师范生要脚踏实地，正确认识教师岗位，重视每一次招聘活动，重视每一次笔试、面试。第二，不妄自菲薄。师范生要正视自己，既不要高估自己，也不要低估自己，将自己作为就业大军中的一员，发挥自己的优势，投入就业活动。

再次，师范生要敢于面对挫折。俗话说，胜败乃兵家常事。对于师范生来说，求职择业失败也是再平常不过的事情。因此，师范生要正确地面对求职择业的失败，正确面对求职择业中的挫折。如果师范生求职择业失败，那么应该做好以下两点：其一，师范生要总结求职择业失败的教训，从总结教训中发现自己的不足，及时查漏补缺，为下一次的成功而努力；其二，师范生要调整好心态，不要因为求职择业失败就否定自己，也不要沮丧，要以阳光的心态面对下一次求职择业。

最后，师范生要有耐心。求职择业不是一朝一夕能完成的事情。如果师范生的求职择业周期比较长，那么千万不要失去耐心，要通过不断的求职择业寻找自己的差距，在求职择业过程中不断完善自己、不断提高自己，使自己的水平不断地提升，变得越来越有竞争力，从而获得求职择业的成功，不能因为一时的不顺利就自暴自弃、破罐破摔，以致变得毫无斗志。

8.1.2 师范生就业信息准备

就业信息对于师范生就业至关重要，因此，在师范生就业过程中，信息准备工作就成了重中之重。

第一，师范生要清楚需要什么样的就业信息。师范生的就业信息越清楚越好、越全面越好。具体来说，师范生需要的就业信息有以下几点：其一，就业政策信息。国家宏观的就业政策和微观的地方就业政策，也就是说，师范生在搜集就业信息的时候，首先要了解就业政策，因为就业政策代表着这一年度师范生就业的导向，同时就业政策中有很多优惠的政策，可以帮助师范生顺利就业。其二，目标区域的信息。在通常情况下，师范生在就业之前，要确定就业的目标区域，也就是说，师范生要确定在哪座城市或者哪个地区就业。在这种情况下，师范生要弄清楚目标区域的基本信息，比如当地的气候情况、人文情况、就业情况、经济发展情况等。其三，目标单位和岗位的信息。在确定目标区域之后，师范生要确定目标单位和目标岗位的信息。在确定目标单位的时候，师范生要具体了解目标单位的发展情况，同时要了解目标单位是否有适合自己的教师岗位。在目标岗位方面，要了解目标岗位的具体工作内容和薪资待遇。搜集以上信息，既可以通过网络查询的方式，也可以通过熟人介绍的方式。对于需要确认的信息，可以直接打电话询问或者进行实地考察。

第二，师范生要分析自己获得的就业信息。一方面，师范生要确认自己获得就业信息的真实性与时效性。目前网络信息鱼龙混杂，师范生要逐步确认自己获得的就业信息，避免被错误的信息误导；要确认自己获得的就业信息是不是当年度的信息，避免使用已经过时的就业信息，造成不必要的信息误导。另一方面，师范生要分析自己的就业竞争的激烈程度。一般来说，国家一线城市、国家中心城市、省会城市等大型城市，岗位竞争激烈一些；同理，同一区域内的重点学校、名校，岗位竞争激烈一些。师范生可以参照目标单位和目标岗位往年的招聘情况，看看自己的条件与录取条件是否匹配。若相差过大，则可以更换目标单位和目标岗位。

第三，师范生要充分利用自己获得的就业信息。一方面，进一步明确目标单位和目标岗位。师范生可以根据获取的就业信息的情况，分析自己与目标单位和目标岗位是否匹配。如果匹配，将进行重点准备；如果不匹配，就考虑放弃。这个过程也是师范生筛选适合自己的岗位的过程。每名师范生的精力都是有限的，在就业过程中要经历笔试、面试、试讲等诸多环节，所以师范生尽量将目标单位和目标岗位确定，才能够集中准备，收到事半功倍的效果。另一方面，一旦确立目标岗位和目标单位，师范生则要做有针对性的准备。师范生可以通过网络尽可能地了解学校的发展历史和发展情况，以便在面试的时候言之有物；同时，师范生要参考其他年度目标单位和目标岗位的招聘情况，在笔试、面试等环节，做好有针对性的准备，避免出现措手不及的现象。

8.1.3　师范生就业能力准备

师范生参与就业活动中，决定应聘成败的主要因素是师范生就业的能力。因此，在师范生参与就业活动之前，要清楚招聘所需的主要能力，并做针对性的准备，以满足相关岗位对师范生的要求。

第一，道德方面的能力。道德是教师必备的要素。对于师范生来说，不仅要具有正确的价值观，还应该有良好的道德修养。因此，师范生在平时要注意价值观念的培育培养，注意道德修养，规范自身的言行，这样，才能在应聘过程中给用人单位留下良好的印象，才能提升就业成功率，从而找到一份理想的工作。

第二，知识方面的能力。教师是传授知识的职业，因此师范生的知识能力至关重要。师范生应该更好地学习学科知识，学习教育学和心理学的知识，做到"腹有诗书气自华"，这样才能在应聘过程中，充分展示自己的知识实力和才华，才能让用人单位刮目相看，从而在竞争中脱颖而出。

第三，实践方面的能力。从目前来看，在就业过程中，应届师范生教学经验不足是制约其发展的重要因素。在这种情况下，师范生要结合自己的实习经历，总结自己对教育教学的看法，这样，可以在某种程度上弥补教学经验不足的问题。

第四，交流方面的能力。在师范生就业过程中，需要大量的交流。因此，良好的交流能力可以让师范生在就业过程中占得先机。师范生应该注意自己的演讲与口才能力、交流与沟通能力，能够与招聘人员顺畅交流，给其留下深刻的印象，提高应聘的成功率。

8.1.4　师范生就业材料准备

师范生在就业的时候，为了能够让用人单位更好地了解自己，通常要准备一系列的材料。这些材料目前可以分为纸质版和电子版，在应聘初期，可以使用电子版；在见面的时候，可以使用纸质版。师范生的就业材料能够让招聘人员更好地了解自己，做出是否进入下一环节的决定。就业材料是就业活动的敲门砖，对就业活动的开展至关重要。具体来说，师范生要准备的就业材料有以下几种。

第一，自荐信。自荐信是师范生推荐自己的一封信。自荐信没有固定的写法，主要是介绍自身的基本情况，对教育教学工作的认识，对目标单位和目标岗位的认识，以及应聘的目的和应聘后能给用人单位带来哪些效益。在写自荐信的时候，要注意以下两点：其一，自荐信不要过于平庸，不要记流水账，要有亮点，要能够给招聘人员留下深刻的印象，这样才能在竞争中脱颖而出；其二，自荐信应实事求是，自荐信如果过于夸张、过于夸耀自己，那么就会在某种程度上给招聘人员留下不好的印象，影响后续的工作。

第二，简历。简历是师范生就业时最重要的材料。用人单位全面、系统、深入地了解师范生的情况，主要是通过简历。制作简历要注意以下几点。其一，简历一定要简单。简单的意思不是说内容要少，而是一定要挑重点说。简历上除了要呈现师范生的基本信息，涉及的内容必须有分量，如果涉及的内容没有分量，会给人一种很不严肃的感觉，特别是在获取证书、参与比赛及个人奖项方面，一定要挑重点说。其二，简历一定要有针对性。简历的针对性是针对目标岗位和目标单位来说的，师范生的简历制作要与目标单位和目标岗位相关，让招聘人员感到师范生与单位高度契合，这样才能充分发挥简历的作用。其三，简历一定要美观。这里的美观主要指美观大方，但不要过度美化，比如简历上的照片不要过度"美颜"、简历的设计不要过于花哨，简历设计的主要目的是让人感到舒服，同时能够让人很清晰地看到信息，做到一目了然。

第二，证明材料。为了证明简历所说的信息的正确性和真实性，师范生还需要准备相关的证明材料。师范生在应聘过程中所准备的证明材料有以下两种：其一，应聘证明材料，主要包括身份证、毕业证、学位证、教师资格证、成绩单、计算机等级证书、英语等级证书等的复印件，这些证明材料可以佐证简历的正确性和真实性，是最基本的证明材料；其二，一些辅助材料，来证明自己的竞争力，如奖学金证书、比赛获奖证书、参加社会实践获奖证书、特长获奖证书等的复印件。

8.2　师范生求职过程技巧

在师范生求职过程中，如果能够掌握一些求职技巧，那么可以达到事半功倍的效果。对于师范生来说，在毕业季到来之前，应该掌握一些求职的技巧，来提升就业的核心竞争力。

8.2.1　师范生自我推荐技巧

在师范生求职过程中，自我推荐是求职的第一步。良好的自我推荐是师范生顺利就业的开端。师范生进行自我推荐，要注意以下两个方面。第一，师范生要提交自荐信、简历和证明材料。师范生要将这些材料放入同一文档，并且标清顺序，以便招聘人员查阅。需要特别说明的是，在提交自荐材料的时候，师范生同时要留下关于自己基本情况的留言，这样可以方便招聘人员查阅自荐材料。在很多时候，招聘人员要处理的自荐材料太多，因此，有特点的留言往往能够吸引招聘人员的眼球。第二，师范生最好给招聘人员打电话咨询相关情况，因为通过电话沟通，师范生的形象就会在招聘人员心里更加鲜活，从而得到更多的关注。师范生在打电话的时候，不要问询招聘人员过多的问题，而要以平常的心态与招聘人员沟通，给招聘人员留下良好的印象，使招聘人员关注自己。由此可见，在师范生求职过程中，自我推荐技巧的关键就是让招聘人员关注自己。

8.2.2　师范生笔试技巧

笔试是师范生求职过程中必过的一关。一般来说，教师岗位招聘，主要是根据岗位的学科要求进行学科知识测试。比如师范生应聘语文教师岗位，就要根据语文教师岗位的学科要求，测试中文方面的内容；同理，如果师范生应聘数学教师岗位，就要根据数学教师岗位的学科要求，测试数学方面的内容。除了测试学科知识，在教师招聘过程中，还要测试教育学、心理学、教育心理学等学科的内容。

师范生在准备笔试的时候，要做到以下几点。第一，一定要复习应聘岗位的学科知识，不要粗心大意。事实上，教师岗位的笔试问题，往往与学科教学息息相关，与师范生在师范院校或师范专业学习的学科内容有一定的差距。比如师范生应聘高中化学教师岗位，试卷中的知识往往是高中化学的知识，而师范生从高中毕业多年，对高中化学学科的知识难免生疏，很难发挥应有的水准，因此，师范生要对学科知识进行有针对性的复习，才能考出好成绩。第二，一定要复习教育学、心理学、教育心理学方面的知识，这些知识属于教育学科的知识，对于教师的教育教学有重要的指导意义，因此也是近年来教师招聘考试的重要内容。第三，对于笔试中的开放性问题，师范生要勇于作答，不要说官话和套话，也不要信口开河或者过于夸张，要说出自己的真知灼见，要给人一种踏实肯干的印象，才能获得较高的印象分。

此外，在准备笔试的时候，可以尽量收集目标单位和目标岗位的往年试卷作为参考，做到知己知彼、百战不殆。此外，要注意笔试卷面的整洁，同时要注意文字书写的优美，因为在笔试中，文字往往也能给人一种很直观的印象，也是取得较高印象分的重要条件。

8.2.3　师范生面试技巧

面试是师范生就业过程中关键的一环，甚至可以说是具有决定意义的一环。很多用人单位都是根据师范生在面试中的表现来决定是否录用的。因此，师范生在求职过程中，面试技巧是非常关键的。师范生的面试技巧可以从如下几方面考虑。

首先，一般面试的技巧。如果用人单位采取一般面试的形式（包括一对一面试的形式、多对一面试的形式，现在一般采取多对一面试的形式）来考查师范生，师范生要注意以下面试技巧：第一，师范生要注意自己的形象，在衣着方面保持整洁，不染头发，不涂指甲，使用敬语问候，彬彬有礼；第二，师范生要注意听懂面试人员的问题，不能随意打断面试人员的提问，不要妄自猜测面试人员的问题，如果没听清楚面试人员的问题，可以再次问询，但不能草草作答；第三，师范生在回答面试人员问题的时候，要表现得真诚，不要放大自己的成绩，同时不要自卑，不要妄自菲薄；第四，师范生在与面试人员交流的时候，不要过于被动，不要只回答问题，而不提出问题，如果师范生能提出问题，那么面试人员会认为此人有思想，从而产生良好的印象；第五，师范生在与面试人员交流的时候，要注意一些细节，不要表现出一些不良的习惯，不要表现出举止轻浮，避免在细节上让人感觉到不适，从而留下不好的印象；第六，师范生可以向面试人员询问待遇的情况，也可以就一些关心的问题进行讨论，但不要就待遇问题提出相应的质疑或者要求提升待遇等，这样会让面试人员为难或者认为应聘者要求过高。

其次，试讲的技巧。与其他用人单位面试的形式不同，师范生一般应聘的岗位是学校的教师岗位，在面试的时候往往有试讲的环节。所谓试讲，就是让师范生以教师的身份，来到班级或者面向面试人员，试讲一节课或者讲 15 分钟，以此考查讲课能力。在试讲的时候，师范生要注意以下几点。第一，在试讲的时候不要紧张，因为一紧张就会头脑空白、面红耳赤、说话结巴，无法发挥正常的水平，因此，在试讲之前，要调整好心态。第二，在试讲的时候，让自己进入教师的角色，把试讲的舞台作为讲台，把自己带入教学情境，充分发挥自己的特长。第三，在试讲的时候，不仅要讲知识、讲内容，还要把握好课堂的节奏，加强课堂的管理，让自己的各方面能力能够展示得更加充分。第四，在试讲的时候，要设计几个教学方面的亮点，相当于表演方面的包袱，这些亮点能够给面试人员留下深刻的印象，从而追加印象分。另外，需要注意的是，在试讲的时候，可能出现一些特殊的情况，比如学生的故意刁难，师范生要稳定情绪，不可发泄情绪，要巧妙地解决这些特殊情况，展示自身的危机公关能力。

8.2.4　师范生回访技巧

在面试结束之后，一般情况下，用人单位会让师范生回去等消息，在这期间，用人单位决定是否录用师范生。师范生可以利用这一段时间，对用人单位进行回访，加深用人单位对自身的印象，提升录用的概率。回访的方式有以下几种。第一，通过电子邮件回访。师范生可以通过电子邮件，向招聘人员咨询自身的表现，然后怀着谦虚好学的态度，希望得到对方的点评。第二，通过电话回访的方式。师范生可以给用人单位打电话，和招聘人员交流沟通，在希望得到对方点评的同时，了解单位的用人标准来确定自己是否符合单位的要求。第三，通过去用人单位回访的方式。采用这种方式，往往需要一定的理由，比如希望用人单位提供实习的机会，提升自身的能力等。如果用人单位对师范生比较满意，是有可能提供相应的实习机会的。

事实上，师范生回访也可以作为求职过程中重要的一环。总的来说，师范生回访有两个好处：其一，可以从招聘人员的角度，挖掘自己存在的问题，提升自己的水平，即使这次没有应聘成功，也可以为下次应聘积累经验；其二，可以加深招聘人员对自己的印象，产生对自己深入了解的兴趣，提升被录用的概率。

8.3　提升师范生就业成功率的建议

从目前来看，大学生就业问题已经成为社会的热议话题，大学生顺利就业的难度越来越大，大学生就业的压力也越来越大。受就业市场、人口结构、老龄化等影响，师范生的就业压力也逐渐加大。因此，提升师范生就业成功率显得十分重要。师范生就业成功率的提升，可以从如下几个方面入手。

8.3.1　抓住实习机会

在毕业之前，师范生总有机会去学校或者教育机构参加实习。事实上，这些学校或者教育机构本身也是用人单位。也就是说，实习期间即师范生深入了解用人单位的机会，也是用人单位了解师范生的机会。所以，师范生要做到以下几点：其一，在实习期间，深入了解用人单位的情况，包括教学条件、学校文化等，为自己的选择提供依据；其二，在实习期间，了解学校的相关发展情况，对学校的招聘计划也要有一定的了解，留心用人单位是否有适合自己的教师岗位；其三，在实习期间，好好表现，展示出自己的才能，得到领导和同事的认可，在未来的招聘工作中，可能获得更多的青睐，因为用人单位希望找到了解学校文化、单位也熟悉的人才。总之，师范生要充分利用实习的机会来展示自己的才干，积累教育教学经验；同时，要充分利用实习的机会，寻找未来就业的机会，做到实习和就业同步，一举两得。

8.3.2 抓住政策机会

在就业过程中，师范生同样要抓住政策的机会。一方面，师范生要关注相关就业政策，不仅要关心国家的政策，而且要关心地方的政策，将政策内容与自己的就业前景相结合，进行综合考量，只有这样，才能够读懂政策、分析政策、利用政策。事实上，政策对师范生就业的影响是巨大的，很多师范生都是在政策的支持下，实现了顺利就业，既为地方经济发展做出了贡献，也为自己找到了适合的工作岗位。另一方面，在研究与就业相关政策的时候，师范生要明白，要根据自己的能力恰当地应用相关的就业政策，不要人云亦云、盲目跟风，要根据自己的情况，选择适合自己的就业政策。比如有的就业政策中，有针对师范生的志愿者项目，通常以支教的形式开展，这种形式的志愿者项目，不仅可以锻炼师范生的才干、积累师范生的教学经验，而且与未来的就业优惠政策挂钩，因此，师范生可以选择这类项目，先做志愿者，再就业。但由于支教的地区往往是贫困地区或偏远地区，生活条件较为艰苦，所以参与这类项目的师范生要做好相应的准备。

8.3.3 抓住选择机会

在就业过程中，要抓住选择的机会。也就是说，师范生在就业过程中，一定要干净利落，切不可拖泥带水、错过良机。一方面，师范生在就业的时候，要有基本的标准，这样在面临岗位选择的时候，才不会举棋不定，才能够迅速地做出决定，抓住就业的机会，提升就业成功率。另一方面，师范生在就业的时候，不能朝秦暮楚。对于已经签订的就业协议，不要轻易撕毁，要珍惜来之不易的就业机会。在就业过程中，不可犹豫，要在清楚自己就业目标的前提下，做出明确选择，这样不仅可以抓住就业机会，还会给用人单位留下一种良好印象。

8.3.4 抓住转型机会

在就业过程中，要抓住转型的机会。虽然师范生的主要就业岗位是教师岗位，但教师岗位较少，应聘人数较多，在普遍学历较高的情况下，师范

110

生要转变就业观念，探索去其他领域实现就业的机会。其他与教育相关的岗位，师范生可以尝试就业，比如目前教育类图书比较盛行，除了教育类的出版社，很多图书公司也参与教育类图书的策划、编辑和出版，对教育人才的需求比较大。这个时候，师范生可以考虑投身教育类的出版业，成为图书策划者、图书编辑，甚至图书发行者。师范生既懂学科知识又懂教育知识，很容易在教育类图书出版领域发挥自己的学科优势，这未尝不是一种好的选择。

8.4　师范生就业注意事项

对于师范生来说，在就业的时候，要注意避免就业中的常见问题，发挥自身优势，提升就业的成功率。

8.4.1　师范生就业过程中应避免的问题

师范生在就业过程中，要避免以下几个方面的问题。

第一，在就业的时候，要避免好高骛远。很多师范生在毕业的时候，在就业问题上，不考虑目前就业的形势，不考虑目前就业竞争中的激烈状况，而是一味地从自己的要求出发，忽视实际，为自己制订了宏大的就业目标，却难以实现，往往在就业中遭受挫折。比如，有的师范生在就业的时候，把工作地点定为国家一线城市，或者国家级中心城市，或者省会城市，然而，这些城市正是就业竞争最激烈的地区；有的师范生考虑进重点学校，对重点学校有一种执念，而重点学校对应聘人员的学历方面有着较高的要求，同时参与应聘的人员数量也较多，竞争异常激烈，这使得师范生在就业过程中面临着巨大的压力，就业的成功率较低。由此可见，对于师范生来说，如果不考虑就业形势，那么势必面临巨大的就业压力和强烈的就业竞争。

第二，在就业的时候，要避免盲目跟风。很多师范生在就业的时候，对自身没有明确的认知，喜欢参照别人的就业经验，难免出现盲目跟风现象。事实上，每个人的情况都不同，在就业问题上没有绝对的经验。师范生在就业的时候，应该充分认识到自己的情况和用人单位的实际，进行合理的匹配，而不是参照别人的固有经验，机械地套用在自己身上，这样很可能因为自身的条件与单位的用人需求不匹配而造成就业失败。所以，师范生要避免盲目跟风，在借鉴别人有益经验的基础上，更多地关注自身的条件，具体问题具体分析，就事论事，认真对待每次就业选择，努力抓住就业机会。

第三，在就业的时候，要避免自欺欺人。很多师范生在就业的时候，由于就业压力过大，好面子，出现了一些自欺欺人的现象，这些现象如果得不到遏制，将会影响师范生的就业。一方面，很多师范生在就业洽谈的时候怕被拒绝，于是谎称没有找到合适的单位或者合适的岗位，不断延缓自己的就业时间，这样往往会失去良好的就业机会，而且会加重自身的心理负担。另一方面，一些师范生以考研、考公务员为借口来延缓自己就业，不正视就业的压力，不敢挑战就业的难度，结果在考研、考公务员时，也没有全身心地投入，反而白白浪费了时间。师范生要积极主动迎接就业的挑战，切不可萎靡不振、自欺欺人。

第四，在就业选择的时候，要避免过于强求。很多师范生对待就业很执拗，一心要求自己实现所要达成的目标。如果没有达成目标，那么拒绝就业。比如有的师范生一心想找有编制的教师岗位，如果没有找到有编制的教师岗位，那么拒绝就业。事实上，万丈高楼平地起，在实现自己的目标之前，不妨静下心来，提升水平，积累经验，为日后实现目标做准备。如果没有找到有编制的教师岗位，师范生完全可以在其他教师岗位上增加教学经验，在积累一定的教学经验后，再去考有编制的教师岗位。这样，不仅成功率高，而且更有底气。

8.4.2　师范生就业过程中提升就业成功率的策略

对于师范生来说，在就业过程中采取一些策略，往往会收到事半功倍的效果。从目前来看，以下几点策略可以帮助师范生提升就业的成功率。

第一，亮点策略。在就业过程中，应该体现一些亮点。这些亮点可以体现出师范生的与众不同，给招聘者留下深刻的印象。这样，在招聘过程中，招聘者会更多考虑录取师范生，从而提升就业的成功率。对于师范生来说，就业过程中的亮点可以体现在任何地方，比如经历上、简历上、语言上等。切记：师范生体现出的亮点应该是正能量的，而不是标新立异的。

第二，特长策略。对于师范生来说，在就业过程中，应该体现自己的特长，比如体育特长、音乐特长、美术特长、语言特长等，这些特长往往与学科无关，但却可以给面试人员留下深刻的印象，从而提高印象分。在同等条件下，自身的特长能够给自己加印象分，从而获得更多的关注，进一步提升就业的成功率。

第三，坦率策略。对于师范生来说，在就业过程中，应该采取坦率策略。在就业过程中，当遇到自身不足的问题时，可以大方地说出自己的不足，并向招聘者咨询如何改正不足，这样，不但可以让招聘者感觉到你的率真，还可以利用这次机会拉近双方的心理距离，获得较深的印象。

第 9 章　师范生就业心态培养

　　心态，就是心理状态。在通常情况下，人们将心态和情绪等同。事实上，虽然心态和情绪有着较高的相似度，但是又不完全相同。心态是对心境的整体描述，而情绪是心态的某一种反映。也就是说，心态引发情绪，而情绪描述心态。心态对于一个人的学习、工作和生活影响重大。拥有良好的心态，往往就有了通往成功路上的阳光；缺乏良好的心态，往往会产生挫折感，会延缓前进的步伐，甚至造成失败。在师范生求职择业和职业发展中，依然需要良好的心态。下面从求职择业和职业发展角度讨论师范生的心态。

9.1　师范生心态审视

　　师范生处于大学阶段，正值青春年华，其心态显示出积极性、复杂性和不稳定性的特征。深入了解自己的心态，合理调适自己的心态，对高质量就业意义重大。

9.1.1　师范生心态特点

师范生的心态有以下几个特点。

9.1.1.1　师范生心态丰富性

　　从自我意识的发展看，师范生自我尊重的需要强烈，出现较多的是自我体验。在自我意识影响下，师范生容易产生自卑、自负等心态，这是非常正常的；从社交看，同学、朋友及师长之间交往频繁，师范生的交往范围日益扩大。有的师范生谈起了恋爱，在这种情况下，心态表现得更复杂、更细腻。同时，师范生通过各种活动了解了社会，对自己的角色、志向、身份、价值等问题有了更深入的思考，开始学习并尊重社会的道德规范，这一时期，美感、理智感、集体荣誉感等高级情感也有所发展。师范生心态的丰富性，为未来从事教师工作奠定了基础。

9.1.1.2　师范生心态不稳定性

师范生是涉世未深的青年学生，认知能力有待提高，世界观、人生观、价值观还未完全定型，因此，师范生的心态活动通常随着认知标准的改变而改变，强烈而不能持久。在这一时期，师范生心态经常出现阴晴圆缺的变化，喜怒无常，风平浪静之后可能就是疾风暴雨。不难看出，这个时期的师范生心态容易从一个极端走向另一个极端，呈现不稳定的状态。消沉时心灰意冷，看什么都别扭；高兴时忘乎所以，看什么都顺眼。师范生心态的不稳定性，说明师范生想成为教师还需要成长。

9.1.1.3　师范生心态掩饰性

随着思想内涵的丰富、知识水平的提高，师范生已具备一定控制自己情绪的能力。在一定的情境下，师范生可以控制愤怒、悲伤等情绪，调整心态，将真实的心态掩饰起来，从而形成内心体验和外在表现不一致的特点。在这一时期，师范生会根据一定的条件做出自己认为合理的心态表达，如师范生对一件事情或对某人明明是厌烦的，但出于种种原因，可能表现出不在意的态度。

9.1.1.4　师范生心态冲动性

师范生处于青年期，有心理学家将青年期形容为"疾风怒涛"时期。在这一时期，师范生的心态往往表现得变化快且表现强烈。有时候会因为一点小事豪情万丈、振奋不已，会因为一点挫折而消沉落寞、一蹶不振，也会因一点不满就冲动，出现心态失控，语言、行动极富攻击性，如果不予以引导，那么很难胜任教师岗位。

9.1.2　心态对师范生的影响

心态对于一个人的影响是全面和巨大的；同样，师范生也深受心态的影响。

9.1.2.1 心态对师范生健康的影响

现代医学和生理学研究结果表明，心态是健康的调节剂，其对人的身心健康有直接影响。对于师范生来说，不良心态的主要表现有两种：一是过度的心态反应；二是持久性消极心态。不良心态对身心健康具有严重危害，可以干扰师范生的心理活动，从而导致师范生的心理障碍，甚至引发生理疾病，危害健康；良好的心态对师范生心理健康成长有促进作用，能使其保持健康。调查结果发现，师范生常见的紧张性头痛、消化性溃疡、心律失常等病症都与消极心态有关。

9.1.2.2 心态对师范生学习的影响

良好的心态对学习有着积极的影响；反之，则会产生消极影响。我们在生活中常常可以看见这种现象：有的人在考试时过于紧张，结果不断呕吐，甚至昏迷，出现"晕场"现象；有的人对考试淡然处之，采取不以为意的态度，虽然没有不良反应，但是考试成绩不高。只有以积极向上的精神面貌来应对考试的人，才能取得好成绩。研究结果发现，心情舒畅、精神愉快、积极主动是创造和思考的最佳状态，这个时候，才能有效地进行智力活动。

9.1.2.3 心态对师范生人际关系的影响

心态是一个人心理状态的描述和精神状态的反应，具有感染性。热情、自尊、乐观、自信的人，容易获得别人的赞赏，在人群中受欢迎，容易形成良好的人际关系，有利于各项工作的开展。而心情压抑、自卑、爱发怒的人，往往难以沟通，不能与他人正常相处，与人之间关系疏远。拥有良好的心态，不仅有助于大学期间人际关系的协调，也有助于走上工作岗位后各种关系的协调。

9.1.2.4 心态对师范生行为目标的影响

研究结果表明，积极的心态体验，能够使人的行为目标更加生动、更加积极；同时，能够使人的心态更加开放，更能让人愿意体验新生事物，也能培养人对周围人的尊重和理解。消极的心态体验，则使人的反社会行为增加，社会兴趣下降，对新事物持审慎态度，关闭心门。要努力克服消极心态，培养积极心态。

9.1.3　师范生不良心态的表现

师范生不良心态的表现主要有以下几个方面。

9.1.3.1　焦虑心态

焦虑心态是一种类似担忧的反应，也是自尊心受到潜在威胁时产生担忧的反应。焦虑心态是人们在主观上预料将会有某种不良后果时，产生的紧张、害怕、担忧混合的心态体验，是一种不安全感。当人们预料到某种不良后果或在面临威胁时，都有可能产生焦虑心态。

焦虑心态作为一种心态感受，不仅存在于大多数人的生活中，还是其他心理障碍共有的因素，可以通过身体特征体现出来。一般来说，焦虑可以导致出汗、肌肉紧张、嘴唇干裂及眩晕等。研究结果发现，焦虑心态由多种成分构成，也伴随认知成分，主要是认为将来会发生不愉快的事情。由于焦虑心态往往与担心、恐惧、惊慌等相关，也有人将担心看作焦虑心态的认知成分，甚至将焦虑和担心同等看待。

焦虑心态是师范生常见的心理状态，在学习、工作、生活各方面遭遇挫折的时候，或当担心需要付出巨大努力的事情来临时，师范生便会产生焦虑的心态。焦虑心态的影响是复杂的，既可以成为师范生成才的驱动力，也可以成为师范生成才的阻碍。对于师范生来说，中等焦虑心态能使其注意力高度集中，维持适度的紧张状态，可以提高学习效率；但过度焦虑心态会带来不良的影响。比如有的师范生会因为失眠或者怯场，产生高度焦虑心态，甚至不能发挥正常水平。被焦虑心态困扰的师范生，常常会感到心神不定、思维混乱、内心极度紧张不安、惶恐害怕、注意力不能集中，很多时候甚至记忆力下降，同时容易产生失眠、食欲不振、头痛、胃肠不适等不良生理反应。被焦虑心态困扰的师范生，焦虑心态只是冲突、矛盾的外显，内心深处有一种不愿正视、无法解脱的心理问题，借此作为防御，以避免更深层次的困扰。

对于师范生来说，常见的焦虑心态有以下三种：自我形象焦虑、学习焦虑、情感焦虑。自我形象焦虑心态是担心体貌过胖或矮小，感觉自己没有吸引力、不够漂亮等，也有的师范生因为雀斑、粉刺等影响自我形象而引起

117

的焦虑心态。自我形象焦虑心态主要与自我认知有关，在很多时候，需要通过调整自我认知重新接纳自我，进而建立新的自我形象。学习焦虑心态（如考试焦虑心态）在师范生心态反应中最为强烈，需要引起重视。情感焦虑心态多数是由于恋爱受挫而引发自我否定，这种心态在师范生中较为常见，认为自己不具备爱人与被爱的能力，所以过度担心，从而引发情感焦虑心态。

9.1.3.2 抑郁心态

抑郁心态是常见的一种心理症状，不但指各种感觉，更多时候，还指认知及行为特征。抑郁心态最明显的表现是压抑的心情，在抑郁心态影响下，其感受表现为被淹没或窒息，仿佛掉入一个黑洞或无底洞。一般情况下，有抑郁心态的人不仅对所有活动失去兴趣，还常常伴随着焦虑心态，渴望一个人独居。同时，有抑郁心态的人也伴随着思维方式的转变，比如记忆力衰退、注意力不集中或者很难做出决定等。此外，有抑郁心态的人可能有更多的心境转变，例如，在思考中消极地看待自我、世界和未来。所以，抑郁的人总是认为他人更消极地看待自己，不适当地责备自己，很难回忆起美好的事，对未来感到悲观。与此同时，抑郁严重的人睡眠方式都将改变，常常伴随乏力、起床变得困难等身体症状，很多时候，抑郁的人总是睡得太多或者早晨醒得太早且难以再次入睡。抑郁的人吃得过多或过少，可能出现饮食紊乱，随之而来的是体重剧减或激增。很多时候，抑郁的人常常出现不满、烦恼、苦闷、困惑等心态。抑郁是一种持续时间较长的消沉、低落的心态体验。

9.1.3.3 愤怒心态

愤怒心态是当愿望无法实现时，或者当客观事物与人的主观愿望相违背时，从人们内心出发，产生的一种激烈的心态反应。心理学研究结果表明，当愤怒心态发生时，可能导致人体心律失常、心跳加快、血压升高等躯体性疾病；同时，会使人的思维受阻、行为冲动、自制力减弱甚至丧失，或做出一些后悔不迭的蠢事，还有可能造成不可挽回的损失。

愤怒心态是师范生较为常见的一种消极心态。处于血气方刚、精力充沛的青年时期，师范生受各种因素的影响，往往表现出易怒、易激动的特点。例如，因一句刺耳的话或一件不顺心的小事而暴跳如雷，因人际关系协调受阻恶语伤人、怒不可遏，因别人的观点或意见与自己相左恼羞成怒，因一时的成功得意而忘乎所以，因暂时的挫折或失败痛不欲生、悲观失望。这些不良心态对师范生的影响是极其有害的，因此，师范生要控制心态，少动怒。

9.1.3.4　嫉妒心态

嫉妒心态是一种典型的不良心态，通常是指由他人在某些方面胜过自己，处于对比的挫败感，引起的心情不快甚至痛苦的心态体验。

嫉妒心态是自尊心的极端化，是自尊和自卑交织的一种异常表现。对于部分师范生来说，当看到他人品行荣誉、学识能力甚至穿着打扮等方面超过自己时，其内心就会产生痛苦、不平、愤怒等感觉，这就是嫉妒的表现；当别人处于困境或身陷不幸时，则落井下石，幸灾乐祸，甚至在背后恶语诽谤、中伤。由此可见，嫉妒心态扭曲人的心灵，是一种心态障碍，它妨碍人与人之间正常真诚的交往。

不难发现，嫉妒心态是一种引起抵触的消极的心态体验，主要是由别人胜过自己而引起的不适。在日常生活中，当看到别人比自己强时，产生一种包含愤怒与怨恨、猜嫌与失望、憎恶与羡慕、伤心与悲痛、屈辱与虚荣的复杂情感，心里酸溜溜的，不是滋味，这种情感就是嫉妒心态，嫉妒心态的存在是很普遍的。嫉妒的人害怕别人得到自己无法得到的地位、名誉，不能容忍别人超过自己等。对于有嫉妒心态的人来说，自己得不到的东西，别人也不要得到；自己办不到的事，别人也不要办成。

嫉妒心态是一种不良的心态，长期处于不良的嫉妒心态下，容易引起怀疑、痛苦、忧愁、消沉、自卑等消极心态，从而产生压抑感，会严重损害身心健康。嫉妒心态会影响师范生的发展，影响师范生的人际关系，交不到知心朋友，也会大大降低学习的效率。常想方设法地阻止别人的发展，往往事事好胜，总想压倒别人。

对于师范生来说，嫉妒心态会破坏和谐的人际关系。当师范生嫉妒心态过重时，不会对其他人友善、热情，与人关系必然冷淡，给人际交往带来极大的影响，还会破坏集体的团结和良好的氛围，时间长了，会产生自卑心理，陷入苦恼之中不能自拔，从而陷入更恶劣的处境，甚至可能采取不正当的手段去伤害别人。

9.1.3.5　冷漠心态

冷漠心态是一种热情的缺失，是指人对生活中的悲欢离合无动于衷，对外界刺激缺乏相应的情感反应。对于师范生来说，冷漠心态的具体表现为对于很多事情显示出冷淡、不关心、退让的消极心态。例如，有的师范生对周围的人和事漠不关心，对集体和同学态度冷淡，对国家大事、自己的前途命运等漠然置之，似乎自己已超凡脱俗、看破红尘；有的师范生游离于社会群体之外，对各种刺激无动于衷，独来独往。师范生的冷漠心态，是压抑内心情感的一种消极逃避反应，虽然有的师范生从表面上看很平静，但内心往往有着强烈的孤寂、痛苦和压抑感。如果师范生处于这种心态下的时间超过了一定的限度，那么巨大的心理负能量无法释放，会以排山倒海的形式释放出去，影响身心健康，致使心理平衡遭到破坏。

与退缩一样，冷漠心态是消极心态的一种内化，但不是非外显的行为。事实上，对于一个人来说，冷漠心态比攻击更可怕。对于师范生来说，冷漠心态会带来生活意义的缺失、责任感的下降、自我价值的放弃，完全失去对生活的热情，是百害而无一利的消极心态体验。一般情况下，冷漠心态的形成多数与个体的生活经历有关，与人生重大生活事件有关，与重要丧失有关。

对于师范生来说，克服冷漠心态最根本的办法是改变认知，发现自我的价值，发现生活的意义，改变长此以往形成的对人生消极的看法，从行为上进行积极的自我暗示与自我提升，融入集体，积极投身各种有意义的活动；正确看待个体与社会，认识自我与他人，并不断矫正自己的非理性观念。

9.2　师范生就业心理问题

就业是师范生的一次人生重大选择。对于师范生来说，其择业范围相对固定，一般担任中小学教师，但随着高校毕业生人数不断增加，就业竞争日益激烈，用人单位门槛逐年提高，很多硕士毕业生甚至博士毕业生将求职目标对准中小学教师，在这种情况下，师范生就业的压力空前巨大，易产生各种不良心理。

9.2.1　矛盾心理

在求职择业过程中，矛盾心理是师范生经常出现的心理现象。当师范生面临就业、考研等不同的选择时，也存在矛盾心理。随着高等教育的普及，很多青年从中学考入师范院校，毕业后是继续深造还是求职就业，成为师范生人生道路上的第一次重大抉择。如果选择考研，考上了能得到进一步深造的机会，令人欣喜，取得较高的学历可能有更多的就业选择；如果考不上，会因就业准备不充分，错过最佳的择业时间，使找工作变得很被动。如果选择直接就业，难以短时间内找到称心的工作，又担心在求职过程中没有学历优势。在这种情形下，师范生会产生矛盾心理，造成既没有努力去寻找工作，也没有全身心地投入考研的忙碌复习，最后落入两难境地。

一般情况，在毕业之际产生矛盾心理的原因，归根结底是师范生没有规划好职业生涯。事实上，就业后也可以继续考研，考研是为了更好地就业，两者并不冲突。事实上，师范生完全可以兼顾两方面，努力锻炼各方面的技能，在平时的学习过程中合理协调。在面临就业和考研的选择时，师范生首先要对自己日后的生活进行规划；其次要正确认识自己、清楚自身的条件，还要对周边的环境进行分析，只有充分分析环境，依据经济条件、就业环境等因素来判断，才能走出矛盾的圈子，做出让自己满意的选择。

9.2.2　焦虑心理

对于师范生来说，在毕业期间有焦虑心理是非常常见的。职业选择是个人职业生涯的开始，也是步入社会的准备，意味着由师范生到教师角色身份的转变，其重要性不言而喻。正因如此，在求职择业过程中，师范生往往会产生很大的心理压力。对于师范生来说，在求职择业过程中，要经历面试、笔试、试讲等严格的录用程序，择业的过程漫长而复杂。尤其是师范生在试讲的时候，很多师范生虽然经历过教育实习，但面对众多旁听考官，会感到无所适从甚至心惊胆战，从而会影响正常的发挥，有过几次失败的经历后，往往产生焦虑心理，形成恶性循环。

师范生产生焦虑心理的主要原因是与社会人员接触较少，缺乏社会实践，再加上长期在学校的保护下遇到的挫折较少，独立处理问题的能力不强，在面临求职择业时，心态不够成熟，受到一点打击便焦虑不安。对很多师范生来说，名校、师范院校录用条件严格，竞争的人数多，有的师范生因为一次求职受挫，便备受打击，失去了拼搏竞争的信心。师范生应当理性对待求职过程中的焦虑情绪，要摆正心态，不必害怕，在最初出现焦虑情绪时，告诉自己这是正常的心理现象。在经历了几次求职后，师范生会消除求职面试的焦虑感，对各个环节有充分的了解。因此，师范生要激发潜能，变焦虑为更大的动力，积极挖掘自身资源，勇于面对挫折和挑战。

9.2.3 羞怯心理

部分师范生交际范围较小，接触社会的机会很少，平时只和老师、家人、同学打交道，在学校内相对熟悉的圈子中，还能应对相关的人际关系。一旦走出校门，便感到手足无措，在招聘会中羞于推销自己，投递简历时害怕与陌生人接触；在面试时不敢正视考官目光、面红耳赤，回答问题时支支吾吾、声音细小，这些表现都会直接影响用人单位录用师范生。

羞怯主要是没有足够的自信心，是一种胆小懦弱的性格表现。对于师范生来说，如果应聘教师成功，以后总是要走上讲台面对全班学生的。既然选择了师范专业，就应该有充分的心理准备。在很多时候，师范生要不断地给自己打气，给自己提供积极的心理暗示，可以模仿自己印象深刻或者自己喜欢的讲课风格，模仿其他老师的言谈举止，从容地应对求职的各个环节。在面试和试讲过程中，声音洪亮，落落大方，保持自信，不卑不亢，才能提高求职的成功率。

9.2.4 逃避心理

逃避心理是个体对挫折的退缩式反应，是人们对周围的事物或人漠不关心、无动于衷、置之不理的一种情绪体验，部分师范生在毕业之际，会对就业活动产生逃避心理。有的师范生在积极参加招聘双选会，忙忙碌碌地找工作，不断投递简历，参加笔试、面试、试讲，奔走于各中小学之间，不错失任何就业良机；有的师范生在寝室玩游戏、上网，对严峻的就业形势无动于衷，一方面没有实际行动，另一方面又喊着工作难找。

对于部分师范生来说，产生逃避心理的主要原因是对战胜挫折、克服困难感到无能为力。面试失败可能导致师范生失去信心和勇气，变得心灰意冷，可能导致其裹足不前，消极被动。师范生应当把一两次的挫折失败看成再寻常不过的事，意识到就业形势的严峻和竞争的激烈，放下思想包袱，继续积极迎接新的挑战。此外，还有部分师范生没有动力，对什么都不感兴趣，以致甘心退让，缺乏清晰的生涯目标，对找工作麻木冷漠、漠不关心，产生逃避心理，他们应该寻求指导教师的帮助，在指导教师的指导下，制订一个相对完善的求职计划，然后积极地投入求职择业。

9.2.5　自卑心理

自卑，是缺乏自信心、缺乏自尊心的表现，是一种弱化的个性，是认为自己有某些能力或心理方面的缺陷，从而产生的轻视自己的心理。总的来说，自卑是一种消极的自我意识或自我评价。一个自卑的人总是拿自己的弱点和别人的长处相比，往往过低地评价自己的能力、形象和品质，自惭形秽，觉得自己事事不如人，从而悲观失望，丧失自信，难以进取。

在持有自卑心态的师范生中，有相当一部分是家庭经济条件较差的，家庭经济条件差导致其产生自卑心理。事实上，很多师范学校是免学费的，一般为国家出资培养，这本身就减轻了家庭经济负担。而且，很多师范生具有许多优秀的品质，这为很多用人单位所看重，所以，这一类师范生不必自卑。对于女师范生来说，由于女性的生理和心理特点，难免在求职择业中受到冷落，如果女师范生缺乏抗挫折能力，那么就容易产生自卑心理。实际上，女教师有着天然的优势，比男教师多了几分亲和力，很多学校都喜欢招聘女教师，所以女师范生要积极争取，找到适合自己的岗位。成绩不佳、没有拿到学位的师范生，缺乏展示自己才华和能力的勇气，害怕用人单位查询自己求学期间的表现，从而影响求职择业。这类师范生要充分展现自己的才能，善于发现和利用自己的优势，大方自信，如果综合能力较强，那么很多用人单位并不十分注重课程成绩，这类师范生也会受到用人单位的青睐。

9.2.6 盲目自信心理

盲目自信和自卑心理恰恰相反，是缺乏客观分析、造成自我评价过高的表现。有的师范生觉得自己学习成绩优秀，能力比别人强，各方面条件比别人好，产生自负心理，觉得自己在择业中处处占有优势，对自己的不足之处没有充分的认识，从而对自己评价过高，对求职中遇到的各种困难估计不足，造成在找工作时受挫，从而产生心理落差。如果这类师范生不能及时调整心态，那么很有可能一蹶不振或走入另一个极端。

实际上，对于学校来说，录用一名新教师充满了偶然性，是一个复杂的过程，因此，要做到知己知彼，做好充分准备。此外，还要保持一颗平常心，胜不骄，败不馁，在失败后找出不足，剖析自我，及时改正，这才是师范生成功就业的前提和保证。

9.2.7 攀比心理

攀比是不能对自己进行客观、正确和公正分析的表现，是一种盲从心理。在通常情况下，持有这种心理状态的人无法客观看待自己的短处和长处，舍其所长，盲目攀比，就其所短。所以，持有这种心理状态的人，在选择就业单位时，往往不从自身实际出发，忽视自身特点，不考虑自己的能力能否达到对方的要求，也不考虑所选单位是否适合自己，总想找到一份十全十美的工作，往往只拿周围师范生的择业标准来定位自己。但是，每个人的家庭背景、生活环境及所碰到的机遇、个人素质不同，所以择业目标不具有可比性，在职业选择上也不必雷同。部分师范生喜欢争强好胜，虚荣心较强，不能合理定位自我，对自己缺乏客观正确的分析，从而产生盲目攀比的心理，在面对机遇时，往往犹豫不决，迟迟不愿签约，从而导致与适合自己的用人单位失之交臂。

9.2.8 依赖心理

依赖是依据他人的指示来采取行动，将产生问题的责任推给他人的一种表现，主要因为个体缺乏独立判断和解决问题的能力。在求职择业过程中，依赖心理主要表现为两种倾向：其一，从众心理，人云亦云，"随大流"。没有从自己的实际情况出发做出切合实际的选择，缺乏独立的见解和主张，比如有的师范生看到别人往某所学校投递简历，不去考察该学校目前师资如何、是否需要相应专业的教师，自己也跟着凑热闹；其二，依赖他人、依赖政策的倾向。有些师范生惰性心理作祟，在择业过程中缺乏自信，把希望寄托在走后门、拉关系上。实际上，在就业过程中，机遇与挑战并存，师范生只有在求职中敢于面对竞争和挑战，培养独立意识，树立信心，才能在众多的求职者中脱颖而出，并实现成功就业。

9.3　师范生正确就业心态树立

在就业过程中，师范生难免面对各种心理困扰，要及时、有效地调整自己的心理状态，树立正确的就业心态。

9.3.1　认清形势，调整目标期望值

对于师范生来说，目前就业改变了以往包分配的形式，实行就业的市场化、自主性，既是一种挑战，也是一种良好的机遇。

首先，师范生要加深对教师岗位人才需求现状的了解，正确认识当前社会现实，明确教师岗位人才素质需要，增加对就业形势、就业市场的体验和认识，勇敢地接受和承认就业现实。

其次，师范生要想顺利就业，就必须调整自己的就业期望值，根据自己的实际情况和客观就业形势调整就业规划。当然，调整就业期望值、就业规划，是要在职业发展观念和自身职业生涯规划的基础上，重新修正或确定自己的人生轨迹和目标定位，而非对就业单位不进行任何选择。

最后，师范生在择业时，不能局限于教育系统内部，要有长远眼光，学会科学、合理、灵活地规划自己的职业生涯。如果在当前不能获得一个理想职业，那么可采取"先就业，后择业，再创业"的办法。也就是说，在择业时，不要期望太高，可以先选择一个职业，不断提高自己的社会生存能力，

增加工作经验，再凭借自己的努力，通过正常的职业流动，逐步实现自我价值。

9.3.2　明确职业价值，树立科学的职业价值观

职业价值观对于大学生就业非常重要。实际上，职业价值观是个人对待职业的一种信念，是人们衡量职业重要性和优劣的内心尺度，正因为如此，职业信念为人们进行职业选择、制订职业目标提供了充分的理由和依据。职业价值观是人对社会职业的评价，反映的是社会职业属性与人的需要之间的关系。从职业价值观的角度看，职业可以满足人们不同层次的需要，而不是仅仅满足生存需要。

因此，在考虑就业时，师范生不能单考虑工作条件、经济收入、就业地点等因素，还要考虑职业是否有利于自我价值的实现，考虑职业对自我发展的作用与影响，从而树立有利于事业成功、自我才能、职业发展的职业价值观。师范生要充分考虑能实现自我价值和发挥自身特长的单位，要关注单位的发展前景和发展潜力，不要因为当前工作条件不太理想、经济发展水平不太高而放弃。

许多师范生不愿意到经济、教育相对落后的地区就业，但从长远来看，很多经济欠发达地区很可能将来成为中国经济、教育发展的热点地区，师范生如果能够优先选择经济欠发达地区，那么有利于尽早就业。

9.3.3　悦纳自我，捕捉就业机遇

在就业过程中，师范生的许多心理困扰，往往源于不能正确认识职业、不能悦纳自我。所以，对于师范生来说，正确认识自我职业特点并悦纳自我，可以帮助自己找到适合的单位，这是调节就业心理的重要途径。师范生只有认清自己的择业标准，了解自己目前的能力和自身的潜力，明确自己需要什么样的职业、对什么样的职业感兴趣，才能确认什么样的工作更适合自己。

同时，在就业过程中，师范生的各种就业机遇也是非常重要的。师范生在充分认识并悦纳自我以后，要做到毫不犹豫、主动出击，善于抓住有利

机遇，发扬敢试敢闯的精神；同时，师范生要做到不惧怕失败，不攀比，不盲从；要清楚地认识到，应聘教师不是师范生就业的唯一渠道，只有适合自己的才是最好的，从而能拓宽就业面，保证顺利就业。

9.3.4　直面就业挫折，提高心理承受能力

实际上，师范生就业的过程也是重新认识社会、认识自我、主动适应社会、调整自我的过程。面对就业压力和市场竞争，在求职过程中，师范生会遇到许多挫折和困难，关键在于心理承受能力和面对问题的心态。如果师范生能通过求职增强心理承受能力与自我心理调节能力，那么对师范生今后的教师生涯或职业发展都将是非常有利的。

在就业过程中，师范生要认清教师岗位的就业形势，不能期望自己一次求职就能成功，明确教师人才素质需求特定标准，从而要有充分的心理准备，随时面对可能出现的求职挫折。同时，在就业过程中，师范生的一些失败和挫折并不一定因为自己的素质不高或能力不行，出现求职失败有诸多方面的原因，既可能是师范生择业方向不对，也可能是师范生自身定位不准确，还可能是用人单位与师范生所学专业的需求不符合。此外，也存在偶然因素。所以，师范生要冷静、全面、客观地对待挫折，分析失败的具体原因，不断调整自己的求职策略，同时要学会悦纳自己、相信自己、宽慰自己，总结经验，坦然地面对求职过程中的各种问题，以便在之后的求职中获得成功。

9.3.5　调整心态，缓和心理冲突

在就业过程中，师范生出现一些不健康的心态是正常的，这也是对心态的考验，因此不必害怕自己是否有心理障碍，不必过度担心。当然，对于师范生来说，要学会主动调适不良心态。目前，师范生进行自我心理调适的方法有很多。

首先，师范生可以鼓励自己、相信自己，进行积极的自我心理慰藉，从而帮助自己渡过难关，以积极健康的心态面对就业。其次，师范生可以通过向老师、朋友倾诉等，采用自我宣泄法，寻求老师、朋友的支持与安慰，

求得心理平衡。最后，师范生可以采用听音乐、体育锻炼、郊游等方式转移自己的注意力，采用自我转移法、自我松弛法，放松自己的心情，排解心中的烦闷。在就业过程中，师范生通过对自己的审视，分析自己出现的种种不良心态，能够发现自己平时不容易察觉的一些心理问题。

在当今竞争激烈的社会环境下，很多人都存在或轻或重、或多或少的心理问题，很多人只是表现不明显或没有表现出来而已。在就业过程中，师范生如果出现不同程度的心理问题，要客观地认识和正确地对待。在现实生活中，要有意识地进行合理的心理调适，积极发展自己、改变自己、健全自己，使自己将来的人生道路更加顺利，使自己的心理更加成熟。

9.3.6　加强心理咨询工作，保持师范生心理健康

在师范生就业过程中，各师范院校、师范专业应该充分发挥心理咨询部门的作用，进一步帮助师范生调整就业心态。各师范院校、师范专业应该积极开展师范生就业心理指导，帮助师范生提高抗挫折能力和心理承受能力，直面挫折和挑战，帮助师范生正视客观现实，拥有健康的就业心理。从师范生的角度来说，要加强自我心理调适，认真学习相关的心理健康知识，重视学校的就业教育，在必要时，可以寻求心理老师的帮助，以缓解心理冲突和心理矛盾，以健康的心态迎接各种挑战。

9.4　教师的职业心态管理

如果师范生成功当上教师，那么就要在教师岗位上调整职业心态，从容应对工作中出现的问题，以获得更好的职业发展。下面从教师角度出发，介绍教师的职业心态管理，为师范生成为教师做准备。

9.4.1　教师的职业心态管理内涵

教师职业心态管理内涵包括以下几个方面。

第一，建立心态疏导机制，克服消极不良心态。每名教师都会不可避免地体验到消极的心态（包括抑郁、紧张、焦虑、愤怒等），要学会有效地

疏泄。实际上，从生理机制上说，心态管理与脑内杏仁体、大脑皮层和边缘系统、海马体的作用有关；从心理机制上说，是对自己心态的认知评价，同时是意志力与情感的相互作用与整合。对于教师来说，心态管理不是对心态的抑制，而是根据具体情况，做到适地、适量、适时、适切的心态表现与选择。教师不能把自己的不良心态带入教学中，不能把消极心态带入教育过程，应根据自身心态特点，建立合理而有效的宣泄机制。如果教师不能建立对不良心态的宣泄机制，那么会影响教学输出的能力，影响课堂教学质量，影响师生间的关系，影响自身的身心健康。

第二，自觉养成积极健康的心态情感。教师要养成健康、积极的人生态度，要善于激励自己，也能够感染、鼓舞他人。教师要有同理心，要有博大的爱心，要有接纳、无私、公正、宽容、善解人意等情感特质，以独特的魅力影响学生。也就是说，教师要保持乐观心态，为学生提供正能量。

第三，教师要把握学生心理发展，正确对待学生的心态变化。教师的任务是育人，不仅要管理好自己的心态，还要管理好学生的心态。学生的心理与行为具有极大的不稳定性，心理、生理尚不成熟，喜怒哀乐来得快、去得也快，心态的起伏与变化难以预测。对于小学生来说，其心态具有外露性、波动性、冲动性等特点；对于中学生来说，其情感相对地变得深沉，有时冲动、激情迸发，有时藏而不露。教师要掌握这些特征，并正确对待。

第四，教师要具备走进学生情感世界的本领。学生只有在积极心态下，才对教育活动感兴趣。教师要善于营造乐观积极、轻松和谐的氛围，以引发学生的情感共鸣。教师应以极大的热情投入教学活动，在情感上与学生真正融为一体，要做到为学生的过错而伤心难过，为学生的进步而欢呼，用情感体验来感化学生心灵，促使其醒悟和改正，有助于激发学生的进取心。教师只有具备进入学生心灵世界的本领，才无愧于"人类灵魂工程师"的称号。

9.4.2　教师职业心态管理基本策略

教师要理解学生的心态、情感特征，要能进入学生的情感世界，对学生的发展和成长产生影响，这些是教师加强自身消极心态管理和积极心态培养的基础，只有自身拥有良好的心态，才能施加正常的教育影响。

9.4.2.1 平等

保持平等的态度是建立良好师生关系的基础。对于师生关系来说，平等指教师与学生在主观态度上的平等，而不是要求教师与学生在客观事实上的平等。在这种情况下，教师不以上位者身份自居，愿意倾听学生的声音，在教育教学过程中，愿意承认师生具有同样的权利，愿意承认自己的失误，尊重并支持学生的选择。保持平等的态度是教师进入学生情感世界的基本前提，是以自己的平等待人去引导学生的平等意识，培养学生平等待人的态度，进而实现平等无间的交流。

9.4.2.2 同感理解

同感理解要求教师理解学生内心的感受，不仅留意其言行，还要设身处地地去留意学生。教师要从学生的角度观察，实现对学生近乎"感同身受"的理解境界。"设身处地"和"感同身受"是达到同感理解最重要的两点。教师要把同感理解有效地传达给学生，这样才会对学生产生影响。第一，教师要转换角度，用心去思考、知觉和体验，真正设身处地使自己"变成"学生；第二，教师要善于体察非言语线索（如表情、声调、姿势等）透露的情感信息，注意学生的言语内容；第三，教师要将从学生身上知觉和体会的东西进行一番分辨、识别和理解，然后回到教师自己的世界里；第四，教师要以言语或者非言语方式把接收到的信息表达出来，或加一点教师的理解和解释；第五，教师要注意学生的反馈，因为教师的同感理解可能出错，在这种情况下，学生的反馈是纠正错误的重要信息。

9.4.2.3 真诚

真诚要求教师以本真的面貌出现在学生面前，放下角色面具。在心理活动上，教师要做到自己内心的感受、该感受在意识中的反映、表达出来的东西三方面的一致。教师表现出来的真诚，能促进自由探索和更开放的交流，获得学生的信任和喜爱。因此，教师要留心自己对学生的态度是否真诚，摆脱传统观念的影响，经常反躬自省，进一步培养自己的真诚态度。

9.4.2.4 积极关注

积极关注是教师对学生有一种关切之感。其一，积极关注是不指望回报的，关怀是无私的。其二，教师要接纳学生的优点和缺点，在反应上表现出理解和宽容。积极关注是教师进入学生情感世界的前提，一般情况下，教师要做到相信学生有改善和成长的潜力，以积极、肯定的态度看待每名学生；选择性地注意学生行为中积极的方面和学生言语；第三，教师要注意从学生身上挖掘、发现价值和力量，传递积极关注的态度，对学生的真实情形保持清晰坦诚的态度，不过分乐观或过分悲观，切合学生的实际情况。

第10章　师范生表达交流能力提升

师范生的主要就业岗位是教师岗位，主要的工作内容是教学，表达交流是教学的主要工具和核心载体。在这种情况下，师范生的表达交流能力显得尤为重要。事实上，在师范生求职择业过程中，特别是面试环节，表达交流往往是用人单位考查师范生的重点内容。

10.1　师范生语言表达能力内涵

师范生语言表达能力是核心素质，也是就业的核心竞争力。

10.1.1　师范生语言表达能力含义

语言表达能力是人们学习、生活、工作中的重要能力，主要是指在口头语言（演讲、说话、作报告）及书面语言（写文章、回答申论问题）过程中，运用字、词、句的能力。

语言表达能力是人才必备的基本素质。随着经济发展，人际交往频繁，人们之间的交往日益密切。在这种情况下，语言表达能力的重要性日益凸显，语言表达能力作为一个人与他人交流思想感情的能力，越来越被认为是现代人的必备能力。

语言表达能力对教师有着重要意义。它既是一种技能因素，也是一种智力因素，是教师劳动的特殊工具，因为教师主要通过语言表达，把教学信息、书本知识、自己的思想和教学的要求传递给学生，因此，师范生应该重视语言表达能力的培养。

10.1.2　教师语言表达能力的作用

实际上，在课堂教学中，教师主要运用语言工具，因此，教学效果的呈现，主要依赖于教师的语言表达能力。通常来说，在课堂教学中，教师的语言表达能力有以下四点作用。

第一，在课堂教学中，教师的语言表达具有媒介作用。教师通过语言表达把知识传授给学生，主要表现是认识的间接性，是一种特殊的认识过程。在课堂教学中，教师的语言表达起着一种重要的媒介作用。教师在课堂教学中通过语言向学生传授知识，学生则在课堂教学中，通过教师的语言表达来系统地把握、理解书本知识。在课堂教学中，教师只有具备一定的语言表达能力，才能将所要传授的知识勾勒成鲜明的图画，把书本上的书面语言转化成学生易于接受的内容，顺利地由形象思维转化为抽象思维，帮助学生形成清晰的概念。

第二，在课堂教学中，教师的语言表达具有感染作用。在课堂教学中，教师在用语言向学生传授知识的同时，用富有表情的语言来感染学生，达到"以声传情，以言动心"的效果。在课堂教学中，教师如能恰如其分地进行富有感情色彩的讲述，可以起到"以情悟文，以情感人"的效果，会引起学生强烈的共鸣。在课堂教学中，如能辅以轻重缓急的语调，进行形象而逼真的描绘，活灵活现地把祖国的山川河流勾勒成一幅幅绚丽的彩色图，能使文学中的人物形象栩栩如生，唤起学生对祖国的热爱、对生活的热爱，使学生的精神得到洗涤和陶冶。

第三，在课堂教学中，教师的语言表达具有引导作用。针对学生的学习心理和思维活动，教师的语言表达能力有着直接的影响。通常情况下，教师的语言表达能力强，能够激起学生学习的兴趣，诱发学生的求知欲，吸引学生的注意，同时，能引导学生积极思考。在教学活动中，人们常说的"循循善诱，谆谆教诲"，就说明教师语言表达能力的重要引导作用。在课堂教学中，教师的语言表达能力发挥得好，能起到事半功倍的效果，学生听起课来津津有味，兴致盎然；如果教师的语言表达能力发挥得不好，那么教学效果势必不好，学生听得昏昏欲睡，索然寡味。

第四，在课堂教学中，教师的语言表达具有强化和内化作用。在课堂教学中，教师的语言起到的作用十分明显：一方面，教师的语言表达能力好，可以激起自己讲话的兴趣，增强自信心，从而在实践中不断地强化自己的语言表达能力；另一方面，教师优秀的语言表达能力能成为学生竞相仿效的榜样，所谓"耳濡目染，不学而会"，让学生关注教师、认同教师，从而不断地把教师语言表达的特征内化为自己的语言特点。有资料显示，在课堂教学中，教师语言中常出现修辞和语义错误，往往是学生语言贫乏和发音不正确的重要原因，因此，教师的语言表达能力对学生起到一种直接的内化作用。在课堂教学中，教师要引导学生如何正确地遣词造句，如何正确地发音，以及如何正确地掌握语法规则，以培养学生的语言表达能力。

10.1.3　教师的语言技能内容

语言是完成教学任务的主要手段，是教师传道、授业、解惑的工具，直接影响教学效果。在课堂教学中，拥有较强的语言表达能力，是对教师最起码的要求。教师的语言能力可以成为凋零学生思维的秋霜，也可以成为萌发学生思维的春风。因此在课堂教学中，教师的语言表达要谨慎、反复推敲。

教师的教学语言，是一种专业语言，是教师针对特定的学生对象，在课堂上根据教学任务的要求，采用一定的方法，为达到某一预想的效果，在有限的时间内使用的语言。教师的教学语言由语音、语调、语速、态势语言等要素构成。

其一，语音。语音是人类发音器官发出的具有区别意义功能的声音。语音是信息的载体，以声音的形式发出；语言则是以语音为载体的表达信息的符号。在课堂教学中，对教师语音的基本要求是发音无错字、清晰、准确。

其二，语调。语调是体现语言情感、增强语言生动性的主要因素，是指讲话时声音的高低升降等变化。

其三，语速。语速是讲话的快慢变化，这是个人习惯。有的老师说话慢，有的老师说话快，似乎不需要有一个统一的标准，但其实不然。教学语言的特殊性决定了教师必须掌握合理的说话速度，因为教学的语速直接影响教学的效果。

其四，态势语言。除了口头语言，教学语言还包括态势语言。一般来说，态势语言是指教师在课堂教学上通过姿态、手势、表情等来传达教学信息的语言。作为教学语言中的一种辅助语言，态势语言也是十分重要的。

教学语言作为重要的专业语言，要求如下：其一，对于教师来说，教学语言必须准确、清楚，要克服方言，讲普通话，把话说清楚，让学生字字句句都听清、听懂；其二，对于教师来说，无论是组织教学过程，还是学习知识本身，都有一定的科学严密性，所以教学语言必须科学严密；其三，对于教师来说，要在有限的时间里完成规定的教学任务，因为课堂教学时间是宝贵的，要对语言进行锤炼，除去水分，教学语言必须精简，克服废话、套话和"赘语"；其四，对于教师来说，要达到每句话、每段话既明晰流畅又具有生命力，像血液流贯全身那样脉脉相通，连贯有序、合乎语法与逻辑，做到不打结、不梗阻，教学语言必须流畅。

135

10.2　教师提升语言表达能力路径

师范生未来的主要就业岗位是教师岗位，所以，师范生要清楚教师提升语言表达能力的路径，通过自身努力，提升语言表达能力。

10.2.1　教师语言表达特点

在课堂教学中，教师的语言表达，既有平心静气、与人谈心的口头语言的色彩，也有讲演式独白的特点，具体来说，有以下几种特点。

第一，准确简练，叙述连贯，逻辑性强。科学知识本身就具有首尾的连贯性和内在的逻辑性。教师语言表达要准确简练，叙述连贯，逻辑性强，不能说得前后矛盾、支离破碎、模棱两可，否则会使学生不能从本质上、整体上准确理解和掌握科学知识。

第二，俗易懂，设问多，比喻多，停顿多。教师要通过语言表达向学生传授知识，所以语言要易于理解和接受，只有把话说明白，才能真正发挥语言的作用。因此，在语言表达过程中，教师要力求通俗明白、流畅自然、跌宕起伏、深入浅出、形象生动、抑扬顿挫。如果微言大义、故作高深，或满口概念术语、晦词涩句，或一口"疙瘩话"、半截话，会造成学生理解的障碍，会使学生如坠入雾中，如听天书。

第三，讲究艺术，富于情感。教师的语言表达要尽可能鲜明形象、生动活泼、情感丰富、激情洋溢，竭力设置一个良好的教学情境，使学生"如见其形、如临其境"。在这种情况下，学生才能真正地全神贯注、专心致志地听讲。

10.2.2　教师语言表达能力提升办法

教师语言表达能力的提升办法，有如下几种。

第一，广闻博采，充分准备。对于教师来说，要注意积累丰富的成语典故、语言词汇，这样才能在上课时根据需要信手拈来，要重视平时的知识积累和语言表达的训练，不照本宣科。教师语言表达能力强并非一朝之功、一时之效，要不断学习、加强。

第二，满怀激情，树立信心。对于教师来说，信心是临场不乱的保证。教师必须树立信心，讲话时酣畅淋漓，有条不紊，充满激情。如果平淡无奇地讲下去，板着面孔，没有激情，学生听起来味同嚼蜡。

第三，论据充分，观点鲜明。对于教师来说，语言表达要有明显的侧重，要有鲜明的观点，这样才能使学生掌握重点，抓住要领，不至于在学习中主次不分、本末倒置。应运用充分的论据把观点讲清、讲准，以便学生在大脑中形成清晰的知识框架。

第四，学会用手势。对于教师来说，在讲话时，如果能伴以适当的手势动作，可以增强语言表达的效果，增加语言的生动性、形象性。教师切忌做作，力求自然，运用手势动作辅助语言表达；同时，教师切忌故作姿态，力求有节奏，要情真意切，力求庄重大方。

第五，注意声调、节奏、速度和修辞。对于教师来说，在语言表达过程中，教师的声调要有起有伏、有高有低，低时和风细雨，高时慷慨激昂。在语言表达过程中，节奏要分明、平稳、适度，要如平湖秋水，有抑扬顿挫、轻重缓急，还要讲究速度和修辞，语言幽默风趣，多用歇后语、谚语和成语典故，引人入胜。

第六，加强语言修养。有的教师上课时滔滔不绝，引经据典；有的教师上课时言简意赅，风趣幽默；有的教师上课时语调平稳，慢条斯理。在课堂教学中，每个教师的语言表达都有个性和风格。通常来说，教师讲课风格总有自己的优缺点，应扬长避短，在语言表达中加强语言修养，使语言表达能力不断提高。

10.3　师范生语言沟通能力内涵

语言沟通能力是教师的基本能力之一。教师面临着与学生沟通、与学生家长沟通、与同事沟通等诸多沟通问题，教师沟通的效果在某种程度上也会影响教师教育工作的开展。师范生是未来的教师，主要的就业岗位是教师岗位，因此，语言沟通能力对师范生开展工作也至关重要。对于教师岗位的招聘，很多用人单位也极其重视师范生的沟通能力。

在教学过程中，教师与学生沟通、与家长沟通、与同事的沟通，往往要通过语言，因此提到师范生的沟通能力，往往主要指师范生的语言沟通能力。目前，学术界对于"沟通"是这样界定的：沟通是人与人、人与群体进行思想与感情的传递和反馈的过程，以求思想达成一致和感情的通畅。那么语言沟通，就是指用语言的形式，在人与人之间，传递和反馈思想与情感的过程，其目的是达成感情的通畅和思想的一致。

师范生是未来的教师，目前来看，教师的语言沟通有其特殊性，需要师范生加以注意。

其一，对于教师来说，其语言沟通的对象具有特殊性。教师的沟通对象大致分为三类：第一类是学生，这是教师的教育对象，同时是最主要的沟通对象。如果教师与学生沟通效果良好，那么不但可以顺利完成教学任务，取得良好的教学效果，也能有效地管理班级，从而促进教师自身的职业发展；如果不能与学生实现良好的沟通，那么教师与学生之间很可能产生隔阂和误会，不仅影响教学效果，还会影响教师的权威，使教师不能有效地管理班级。第二类是家长。学生家长与教师的关系比较微妙。一方面，二者有着共同的利益和目标，都是为了促进学生成长成才；另一方面，家长在家庭领域中扮演重要角色，而教师则在学校领域中发挥关键作用，尽管两者之间存在领域上的差异，有时难免会出现观点上的分歧。如果教师和家长沟通顺畅，家长就会成为教师的助手，二者协同帮助学生管理学生。如果家长和教师的沟通不够顺畅，甚至产生误会，那么家长往往成为教师工作的阻碍，双方会因为沟通不畅而成为对立面。第三类是同事。教师和同事之间既是合作关系，也是竞争关系，在教书育人方面是合作关系，在评优争先方面是竞争关系。如果教师和同事能够保持顺畅的沟通，那么可以保持良好的合作关系和良性的竞争关系，否则会破坏良好的合作关系，造成不良的竞争关系。

其二，对于教师来说，其语言沟通的内容具有特殊性。教书育人是教师的责任和义务，因此教师的沟通内容往往也以教书育人为主。主要来说，教师的语言沟通包括以下几个方面的内容。第一，了解学生情况的内容，教师通过与学生的沟通或与学生家长的沟通，可以及时了解学生的基本情况，了解学生及学生家长的真实想法，为调整教学内容和教学方法提供必要的依据。第二，了解学生存在的问题，教师通过与学生的沟通或与学生家长的沟通，可以及时了解学生的困难及问题，了解其主要原因，然后根据问题出现的原因对症下药，帮助学生成长。第三，增进双方的感情，教育活动是教书育人的活动，需要教师与学生、教师与家长有着一定的信任，教师通过与学生的沟通或与学生家长的沟通，可以加深了解、增进感情，更好地沟通协作。

其三，对于教师来说，其语言沟通的场合具有特殊性。教师和学生的沟通一般在课堂上，或者在单独谈话中，总的来说，课堂和办公室是教师与学生的主要沟通场所。教师和学生家长的沟通主要在家长会上，或者因为学生的某种特殊情况在现场见面。教师与同事之间的沟通往往在办公室，其主要目的是与同事共同协作来帮助学生，或者交流工作经验，取长补短。

其四，对于教师来说，其语言沟通的方法具有特殊性。教师和学生的沟通，要根据具体的情况，采用不同的沟通方法，既需要严厉的批评，也需要温和的劝导，更需要循循善诱，帮助学生解决成长道路上的一些问题；教师和家长的沟通，要注意态度，要以解决问题为目的，和家长合力解决学生成长道路上的问题，不要高高在上，也不要批评指责；教师与同事的沟通，要以平等的态度来对待，要以真诚的态度来合作，实现共同进步。

10.4　师范生语言沟通能力培养路径

教师的语言沟通能力的重要性不言而喻。对于师范生来说，未来的岗位主要是教师，所以语言沟通能力对师范生的未来职业发展至关重要。即使在招聘工作中，师范生良好的沟通能力也能展现出自身的优势，从而提升就业成功率。因此，要提升师范生的语言沟通能力，为师范生的就业和未来的职业发展做好准备。

10.4.1　认识到语言沟通重要性

师范生要认识到语言沟通的重要性，才能提升语言沟通能力。师范生一定要重视语言沟通，认识到语言沟通的重要性，将语言沟通作为自己重要的素质和技能。不要认为语言沟通是可有可无的，从而忽略了语言沟通能力的提升。作为一名教师，如果语言沟通能力较差，那么毫无疑问会全方位影响工作的开展，所以师范生要想方设法提升自己的语言沟通能力，为成为一名合格的教师做准备。同时要注意，沟通能力是师范生在求职择业过程中所展示的显性能力，如果师范生的沟通能力强，那么显然会在求职择业过程中占得先机。

10.4.2　不断学习语言沟通的知识

师范生要不断学习语言沟通的知识，才能提升语言沟通能力。师范生应该学习语言沟通知识，丰富语言沟通技巧。通过学习语言沟通知识，师范生可以发现自身在语言沟通方面的不足，制订有利于自己的语言沟通能力提升规划。同时，师范生可以借鉴学习语言沟通技巧，进一步有序提升自己的语言沟通能力。师范生不断学习语言沟通的知识，有助于明确语言沟通能力的发展方向，并为有效提升语言沟通能力、为求职择业、职业发展做准备。

10.4.3　不断进行语言沟通实践

师范生要不断进行语言沟通的实践，才能提升语言沟通能力。师范生不仅要学习语言沟通的知识，更要在实践中加强语言沟通。通过语言沟通的实践，可以发现自身在语言沟通方面的问题，根据问题不断调整提升自身的语言沟通能力。特别需要强调的是，师范生也可以通过不断的实践提升自身语言沟通的自信，调整自身语言沟通的心态，更加自然地进行语言沟通，驾驭语言沟通，从而提升语言沟通能力。

10.4.4　不断总结语言沟通经验

师范生要不断总结语言沟通的经验，才能提升语言沟通能力。师范生应该总结经验、总结规律，结合自身的情况，分析自身的不足，通过经验的积累和经验的打磨来提升自身的语言沟通能力。

第11章　师范生教师礼仪培养

教师礼仪是教师形象的重要组成部分，良好的教师礼仪可以增强学生对教师的认同感，从而增强教育教学的效果。同时，在师范生面试时，特别是试讲、说课等环节，也应展现出应有的教师礼仪。对师范生的要求要与教师一致，包括仪态、仪容、仪表。

11.1　仪态

仪态是师范生重要的礼仪，通常指师范生的身体姿态和风度，是师范生行为的综合展现。所谓师范生的姿态，是指师范生身体所表现的样子。所谓师范生的风度，是指师范生内在气质的外在表现。在未来的教育教学中，师范生需要以仪态为载体，与学生交流思想、表达情感，向学生传递学识与修养。

11.1.1　师范生站姿

所谓师范生站姿，指的是在站立时，师范生所呈现的具体姿态，所以也叫立姿、站相。对于师范生来说，站姿是一种静态姿势，是其他一切姿势的基础，也是人的最基本的姿势。

在未来课堂教学中，师范生的站姿是最重要的举止。在课堂教学中，师范生的站姿是一种无声的信息传达，对学生的心理有不同的影响。师范生不同的站姿，也向学生传递着不同的信息，所以师范生要掌握一些基本的站姿。

11.1.1.1 师范生正确的站姿

对于师范生来说，站姿是有基本要求的，这些要求可以简单地概括为稳重、端正、亲切、自然。师范生作为未来的师资储备，在站立的时候，应该显得身形庄重、挺拔，具体的要求如下：双腿并拢，挺胸收腹，身体站直，双脚微分，双目平视，双肩平直，头部保持端正。

作为未来教师的师范生，在课堂中，在讲堂上，站姿与其感召力息息相关，师范生站姿的优美与否，对于体现师范生的教师形象至关重要。师范生的站姿给学生的印象是舒展大方、精力充沛、挺拔笔直、积极向上。在一定程度上，师范生的站姿反映了对课堂教学的投入程度，体现了师范生的精神面貌。此外，师范生站在讲台上的站姿不仅要体现稳重，还要显出活力；不要过于僵化，不要过于拘谨和呆板。师范生要潇洒大方，精神振作，不要固定于一地，应适当走动，要善于运用恰到好处的动作表达信息，要根据授课内容和课堂情景的变化调整站姿，以优美的站姿配合自己的语言表达。

11.1.1.2 男女师范生基本站姿

男女师范生的站姿要求是不同的，对男师范生站姿的基本要求是稳健，对女师范生站姿的基本要求则是优美。

在站立时，男师范生应双脚平行，注意双脚分开的幅度。一般来说，男师范生双脚的间距最好为一脚之宽。在站立过程中，男师范生要头部抬起，全身挺直，双肩展开，双手贴放于大腿两侧，双臂自然下垂伸直，双脚不能动来动去。如果站立时间过久，需要进行身体调整，可以将左脚或右脚交替后撤一步，来缓解身体的疲劳，使身体的重心能够落在另一只脚上。在调整姿势过程中，伸出的脚不可伸得太远，上身仍须挺直，变换不可过于频繁，双腿不可叉开过大。

在站立时，女师范生应当收颌、挺胸，目视前方，双腿基本并拢，不宜叉开，双手自然下垂，叠放或相握于腹前。站立时，女师范生可以双腿一直一斜，将重心置于某一脚。此外，也可以将双脚脚跟并拢，同时脚尖分开，成45°角，张开的脚尖大致相距10厘米，并呈"V"形。女师范生还要切记，在站立的时候，正面面对学生时，不能双腿叉开而立。

在试讲、学生回答问题时，也要调整站姿。这个时候，师范生的身体可以微微前倾，这种姿势是为了表明自己对学生说的话感兴趣，同时，表明自己没有走神，注意力都集中在学生身上，这样能增加亲切感。

另外，在试讲、学生回答问题时，师范生也要注意不要呈现错误的站姿。目前来看，主要有两种错误站姿：第一种，背对着学生，只顾着自己写板书，给学生一种不礼貌的感觉。在这种情况下，学生不能从教师的表情中有效判断自己的回答是否正确，不能得到有益的提示，也不知道是否需要继续回答教师提出的问题。第二种，将双手放在裤袋里，或者两手放在背后，这样会失去和学生沟通的亲和力。

11.1.1.3　课堂站姿禁忌

在试讲的时候，有些课堂站姿是禁忌，师范生应该注意。

第一，忌长时间手撑桌面。在课堂教学的间隙或者学生自习时，不能长时间手撑桌面，会被认为学生疲惫不堪，影响听课情绪。师范生可以把重心移到一只脚上，以缓解紧张和疲劳。

第二，忌身体不稳。师范生应该给学生稳重的感觉。因此，在擦黑板的时候，教师不能全身猛烈抖动，不能左右摇晃，以免破坏教师的课堂形象。

第三，忌位置固定不变。课堂教学要灵动，不能呆板。师范生讲课的站位不能呆板地固定在一点上，不能过于僵化，应适当地移动位置，给学生轻松活泼的感觉，或到学生座位行间巡视。

第四，忌侧身而站。侧身而站，师范生不与学生正面交流，会带给学生不好的心理感受。心理学研究结果表明，侧身而站和面向黑板而站，不利于阐述教学内容，说明师范生的心理是封闭的，且会给学生留下缺乏修养的印象。

第五，忌站时重心移动太快。重心移动太快会影响教学的整体效果，站时重心忽左忽右，会彰显信心不足，反映出师范生紧张、焦虑的情绪。面对学生站稳，表明师范生有信心上好这堂课，准备充足，有能力控制整个教学局面。

第六，忌远离讲桌，远离讲桌是不正确的体现。如果师范生站在讲台的前左角或前右角，会影响课堂教学效果。师范生如果左右移动，会给学生造成不安感。师范生如果在学生座位行间踱来踱去，也不符合教师礼仪规范的要求。

第七，忌把双手交叉抱在胸前，也不要将双手背在身后，因为这些动作会给学生一种傲慢的感觉，使学生反感。

第八，忌呆板。师范生的站姿要因人而异、因时而异，并非对所有学生都是一样的，要灵活变通。如对于低年级的学生，更多时候需要走到学生中间，蹲下身来，为了亲近学生，摸摸学生的脑袋，表扬他的某些回答等。

11.1.2 师范生的坐姿

对于师范生来说，坐姿是一种静态姿势，体现师范生的涵养和气质。端庄优美的坐姿，能够树立师范生正向的形象，给学生一种稳重、自然、优雅、大方的美感。

11.1.2.1 师范生落座方法

在落座前，女师范生应回视座椅，将右腿退后半步来确定位置，待右小腿后部触到椅子后，找准位置，方可轻轻坐下。坐定后，要调整好姿势，膝盖需要并拢，双腿可以放在身体正中或一侧。若着短裙，女师范生则应该注意影响，一定要小心盖住膝盖。落座时，男师范生不要叉开两腿，膝部可以分开一点，不要超过肩宽，更不要半躺在椅子上。

坐姿具体有以下几种方式。

第一，正襟危坐式。这种坐姿适用于课堂上或正规集会。在这个过程中，上身和大腿及大腿和小腿，均应成直角，小腿垂直于地面。另外，双膝、双腿包括两脚的跟部，都要尽力并拢。

第二，双腿斜放式。这种坐姿适合穿裙子的女师范生在较低的位置就座时使用。在这个过程中，双腿并拢，向左或向右侧斜放，力求斜放后的腿部与地面成 45°角，略放松。

第三，前伸后曲式。这种坐姿也是女师范生适用的一种坐姿。在这个过程中，大腿并拢后，可以向前伸出一条小腿，然后将另一条腿屈后，并且两脚脚掌着地，同时，双脚前后要保持在一条直线上。

第四，双腿叠放式。这种坐姿适合穿短裙的女师范生。在这个过程中，将双腿一上一下交叠在一起。特别需要注意的是，交叠后的两腿间没有任何缝隙。随后，双脚斜放在左或右侧，斜放后的腿部与地面成 45°角，叠放的上脚尖垂向地面。

第五，双脚内收式。这种坐姿适合与学生交谈时采用，并且男女师范生都适用。在这个过程中，两条大腿并拢，为了放松，双膝可以略微打开。同时，两条小腿可以在稍许分开后向内侧屈向，同时，双脚脚掌着地。

第六，垂腿开膝式。这种坐姿多为男师范生所用，比较正规。在这个过程中，男师范生的上身和大腿、大腿和小腿都成直角，小腿垂直于地面。需要注意的是，男师范生双膝允许分开，但分开的幅度不要超过肩宽。

第七，双脚交叉式。这种坐姿适用于各种场合，男女师范生都可选用。在这个过程中，双膝要先并拢，然后双脚在踝部交叉。需要注意的是，交叉后的双脚可以内收，也可以斜放，但不要向前方远远地直伸出去。

11.1.2.2　师范生坐姿要求

第一，坐姿要求头要端正。师范生的坐姿中不要出现低头、歪头、仰头、扭头等。对于师范生来说，在坐姿方面，整个头部看上去应当和地面垂直，如同一条直线。在办公时，师范生可以低头俯看桌上的文件等物品，但在回答学生问题时，必须抬起头。在和学生交谈的时候，师范生可以面部侧向对方，或者正向对方，但不可以把头后部对着对方。

第二，师范生上身的要直立。坐好后，身体也要端正。有以下三点需要注意。其一，倚靠椅背。倚靠座椅主要用以休息。在就座时，最好不要把上身完全倚靠在座椅背部。其二，占用椅面。在课堂上，不要坐满椅面。合乎礼节的坐姿是坐椅面的 3/4 左右。其三，身体的朝向。在交谈的时候，为表示重视，不仅应面向学生，还应将整个上身朝向对方。

第三，师范生的手臂摆放端正。其一，手臂应放在腿上。可以双手叠放后放在两条大腿上，也可以双手各自放在一条大腿上，还可以双手相握后放在双腿上。其二，手臂放在身前桌子上。双手相握置于桌上，或双手平扶在桌子边缘，也可以把双手叠放在桌子上。其三，手臂放在椅子扶手上。当侧身而坐时，要把双手叠放或相握后放在一侧的扶手上；当正身而坐时，要把双手分扶在两侧扶手上。

11.1.3 师范生手势

手势，即利用手的动作与姿势。师范生的手势在课堂教学中非常重要，可以组织教育教学，传递思想感情，展示师范生自身良好的职业修养与精神面貌。在师范生试讲的过程中，手势的作用主要有以下三个方面：一是要在课堂中澄清和描述事实；二是强调事实，画知识重点；三是吸引注意力，让学生提起精神。

11.1.3.1 师范生基本手势

第一，垂放与背手是师范生的基本手势。垂放是师范生最基本的手势之一，在垂放的手势中，手放的位置有两种：其一，双手自然下垂，要求掌心向内，双手叠放或相握于腹前；其二，双手伸直下垂，掌心向内，要求分别贴放于大腿两侧。当站立或行走时，师范生通常可以选择两手垂放或者背手。背手，多见于站立、行走时，这种手势既可显示师范生的权威，又可表现内心镇定。背手的应用方法，主要是双臂伸到身后，保持双手相握，同时昂首挺胸，但也要注意，这种手势容易给他人留下盛气凌人的印象，因此背手不是常用的手势。在正式场合或者有领导和长辈在场的情况下，背手的手势要慎用。

第二，握手是师范生的基本手势之一。在人际交往中，手势能起到直接沟通的作用。对方向你伸出手，迎上去握住他的手，这种手势表示友好与交往的诚意；若懒懒地稍握一下对方的手，或无动于衷地不伸出手，则意味着不愿与其交朋友，会影响别人对你的印象。

第三，鼓掌是师范生的基本手势。鼓掌是用以表示祝贺、欢迎、支持的一种手势，鼓掌的应用环境非常普遍，通常用于演出、会议、比赛或迎候嘉宾，可以烘托气氛。师范生在表示欢迎、祝贺或支持时，可以鼓掌致意。在表示欢迎、祝贺或支持时鼓掌的正确手势是：以右掌有节奏地拍击左掌，这是较为基本的手势。若有必要，可以站起来，并双手鼓掌。不过，在一些特定的情况下，社会上也以鼓掌来表示拒绝、讽刺、驱赶之意，这种鼓掌被称作"鼓倒掌"。诸如此类的手势是严禁使用的。

第四，夸奖手势是师范生的基本手势之一。在教育教学中，师范生的夸奖手势主要用以表扬学生。表扬他人时，通常伸出右手，然后跷起拇指，保持指尖向上，然后指腹面向被夸奖者。同时，不要以拇指自指鼻尖，这种动作有自高自大、不可一世之意。

第五，指示手势是师范生的基本手势之一。指示是用以指示方向的手势，具有一定的引导性。对于师范生来说，标准的手势应当是：伸直并拢手指，其掌心向上，保持腕关节伸直，让指尖与手臂成一条直线，首先，指向被指示学生的身躯中段，再指向其应去之处。如果是掌心向下运用，具有挑衅意味，是极其不礼貌的。

11.1.3.2　师范生手势礼仪要求

在试讲过程中，对师范生手势也有一定的礼仪要求。因此，师范生要提升自己的手势规范，维护自身作为教师的形象。

第一，师范生手势的使用要适度。在教育场合，应注意手势的大小幅度。师范生手势有一定的空间限制，其中，在手势空间上，上界一般不应超过学生的视线；下界不低于自己的胸部；师范生手势左右摆的范围不要太宽，最理想的范围应在自己胸前或右方。在课堂教学中，师范生手势动作幅度不宜过大，不宜重复，次数不宜过多。

第二，师范生手势的使用要自然亲切。在课堂上，师范生减少用生硬的直线条手势，多用柔和的曲线手势，以拉近师生间的心理距离。低年级学生的情绪感染力比较强，师范生可以自然地摸摸他们、抱抱他们，增强学生对教师的认可。

第三，师范生手势的使用要恰当、适时。在课堂教学中，师范生应伴以准确无误、恰当的手势，激发学生的听课情绪，增强表达效果。在课堂教学中，师范生切忌不停地挥舞双手，那样含有教训人的意味。不要将手胡乱地摆动，也不要将手按住讲桌或插入衣兜不动。过于死板会使学生感到压抑，手舞足蹈会令人感到轻浮、不稳重。总之，应以适度为宜。

第四，师范生手势的使用要简洁、准确。手势是师范生的教具，作为教具，手势表现最明显、最丰富，使用最频繁。在讲课讲话时，师范生手势要适度舒展，既不要过分繁杂，也不要过分单调。一般来说，向前、向上、向内的手势表示悲伤、失败、惋惜等。所以，师范生在用手势作为教育教学工具的时候，不能词不达意，应该正确地表达感情，否则显得毫无修养。

11.1.3.3 师范生手势禁忌

对于师范生来说，手势是最有表现力的一种体态语言，可以有效地传达信息。师范生恰当地运用手势，会使自己的形象更美、更有风度，能够起到良好的沟通作用。对于师范生来说，需要注意以下几点。

第一，要注意一些不雅的小动作，忌当众掏耳朵、剜眼屎、搔头皮、抠鼻孔、抓痒痒、摸脚丫、剔牙齿、咬指甲等。虽然师范生这些动作不是原则性问题，但会令学生反感，严重影响形象与风度。

第二，在学生面前，师范生不应该咬指尖、端胳膊、抱大腿、乱动乱摸等，动作要规范。

第三，要注意基本的礼仪，不要用手指指着学生，这种手势是非常不礼貌的，并且含有教训人的意味。

第四，讲课时忌讳敲击黑板、讲台，这是使学生反感的动作，是属于过分的动作。

第五，要注意基本仪态，忌玩弄衣扣或粉笔等。

第六，要注意控制情绪，忌高兴时做不文雅的手势。

第七，忌交谈时手势动作幅度过大、动作过多。

师范生手势的运用对形象影响很大。师范生的手势运用得合理、规范、适度，可以给学生一种优雅、含蓄、彬彬有礼的感觉，加强学生的认同感。师范生谈到自己的时候，应用右手掌轻按自己的左胸，那样会显得大方、端庄、可信，不要用大拇指指自己的鼻尖；介绍他人、指示方向、谈及别人、请对方做某事时，手指应自然并拢，掌心向上，以肘关节为轴指示目标，同时上身稍向前倾，以示敬重，不要伸出食指来指指点点。同时需要注意的是，掌心向上的手势有一种恭敬、诚恳的含义；而掌心向下意味着缺乏诚意、不够坦率。鼓掌、招手等都属于手势的范围，师范生的手势应根据不同场合和目的恰当运用，不可过度。同时，师范生要掌握增强语言表现力的手势，使用时要做到优雅自然。

11.2　仪容

仪容指一个人的外观与外貌，具体来说，是指个人形体的基本外观，仪容的主要部分是面部、头发、手臂等。师范生的仪容反映精神面貌，直接影响其在学生心目中的形象。师范生应有良好的卫生习惯，让自身的仪容清爽，如经常洗脸、修剪指甲、理发、换衣服等。上课前，师范生应该梳理头发、整理衣服，以较好的面貌示人。此外，师范生应妥善安排自己的学习、娱乐、工作、休息和其他活动，要规范作息，这样既可以保持身体的健康，保证自己有旺盛的精力，又可以给学生树立一个良好的榜样。

11.2.1　面部仪容

第一，眼部。

眼睛是人身体最灵动的地方，是交流情感的窗口，同时，眼睛也是在人际交往中被注视最多的地方。对于师范生来说，眼睛是试讲或面试说课中传递思想感情的重要器官，在求职择业中往往会起到潜移默化的作用。眼睛是心灵的窗户，在师范生试讲或者面试的时候，保持眼睛的卫生是非常重要的。特别需要强调的是，师范生尤其要注意眼部分泌物的及时清除，避免给人带来不适感。

在传递思想感情时，人的眼睛与眉毛具有一定的协同性，也就是说，眉毛与眼睛是同时运动的。眉毛形状变化所显示的表情，对他人也是一种情绪的提示，比如舒眉代表心情愉悦，皱眉代表心有愁事。通常来说，师范生可以通过一系列眉语（眉毛变化产生的语言），表达对学生行为的赞许或者反对、肯定或者否定。在面试、试讲过程中，如果师范生感到自己的眉形刻板或不雅，就可以进行必要的修饰。

第二，嘴。

嘴是表达语言的主要工具，在试讲或者面试中，师范生运用最多的就是嘴。同样，在未来的教学中，师范生主要的语言表达工具也是嘴。在面试或者试讲过程中，嘴与眼睛、眉毛一样，有着丰富的功能，特别是表达复杂的思想感情。一般来说，不同的嘴型代表着不同的情绪，例如：嘴巴大开，通常表示惊讶或恐惧等情绪；咬紧嘴唇，通常表示自省或自嘲等情绪；含住嘴唇，通常表示努力或坚持等情绪；撅起嘴巴，通常表示生气或不满等情绪；嘴角一撇，通常表示鄙夷或轻视等情绪；嘴巴努向某方，通常表示怂恿或支持等情绪；拉着嘴角又分上拉和下拉，一般情况下，上拉表示倾听等情绪，下拉则表示不满或固执等情绪。师范生可以通过这些嘴部动作配合面部表情来传递情绪，以便组织教学。

在面试或者试讲的时候，师范生一定保持牙齿洁白、口腔无异味。要做到这一点，一是要每天刷牙，以去除异味、异物；二是要注意忌食酒、葱、蒜、韭菜、腐乳等气味刺鼻的东西，以免使他人产生不适。

在面试或者试讲的时候，师范生要自觉地克制发出异响。按照常规，人体之内发出的所有声音，例如，吸鼻、打嗝、咳嗽、打哈欠、清嗓、喷嚏、吐痰、放屁的声响，都是不雅之声，统称为异响。在面试或者试讲的时候，重在自律，禁止发出异响。

长有胡须，是男子的生理特点，但是在面试或者试讲的时候，蓄须是十分失礼的。因此，男师范生若无特殊宗教信仰和民族习惯，最好不要蓄须，并应经常及时剃去胡须。参加面试的男师范生在这方面尤其需要注意。

第三，耳鼻。

耳朵是重要的五官之一。首先，要保持耳朵清洁卫生。在洗头、洗澡、洗脸时，不要忘记清洗一下耳朵，还需清除耳中不洁的分泌物。其次，学习利用耳朵表达自己的情感。耳朵可显示不同的思想感情，虽然它不能像四肢一样有过大的动作变化，但捂耳表示拒绝，耸耳表示吃惊，侧耳表示关注，摸耳表示亲密。在面试或者试讲的时候，师范生可以利用侧耳表示对学生的回答表示关注。

鼻子也是重要的五官之一。在面试或者试讲的时候，不要让异物堵塞鼻孔，要保持鼻腔清洁。对耳、鼻进行清洁的具体操作不能当众进行，否则可能给人带来不适，尤其不能随处擤鼻涕、吸鼻子，也不要在人前人后随时挖鼻孔。师范生要注意勤检查，注意仪表，不要因事小而忽略、不留心。此外，师范生也可以观察学生的鼻子，在面试或者试讲的时候，发现学生的心理变化，皱鼻表示好奇或吃惊，这个时候，说明学生的兴趣正浓，效果很好；缩鼻表示拒绝或厌弃，这个时候，可以考虑改变教学方法。

第四，脸。

在面试或者试讲的时候，脸是师范生的门面。作为未来教师的师范生，其职业特点决定了要多注意面部的保养，特别要养成勤洗脸的好习惯。对于师范生来说，不仅早上起床之后要洗脸，晚上就寝之前要洗脸，午休之后要洗脸，劳动之后也要洗脸，此外，外出碰上刮风下雨，回来后也要洗脸。坚持以正确的方法勤洗脸，不仅可以使人精神焕发，充满朝气，使面部皮肤保持良好的血液循环及新陈代谢，还可以有效清除滞留于面部的污垢、汗渍、灰尘（粉笔灰）、泪痕，使人显得清清爽爽。对于师范生来说，洗脸要彻底，不可三下五下就完事了，像猫咪洗脸一样，脖子、耳朵依旧"原封未动"。因为，脖子、耳朵一样会为他人所注意，需要重视。如果脸上生了疱疹、疖子，不要听之任之，或乱挤、乱抠，需要去看医生，并遵照医嘱进行治疗，不要弄得脸上伤痕累累，影响仪容。

总之，师范生的仪容一定要保持干净整洁。也就是说，要善待和爱护自己的仪容，使仪容尽可能地整整齐齐、清爽干净；同时，在日常生活中要保持健康，防止生病。师范生可以随身带口香糖以便使口气清新。因为有不少人对香味过敏，闻到太刺鼻的香味就会避而远之，所以，师范生不应喷味道过浓的香水，以免在课堂上影响学生听课的效果。

11.2.2　头发仪容

头发处于人体的"制高点"，其整洁、干净与否往往是一目了然的，同时，头发也是他人最先注意的地方。头发是人的门面，经清洗、梳理、打理，能给人以美的感受。人的美好形象需要头发的装饰。良好的发型可使人显得彬彬有礼，仪表端庄。从个人形象角度来看，蓬头散发不只是对自己不尊重，也是对别人不礼貌。师范生要对头发的干净与整洁给予高度的重视，应当像重视自己的服饰一样重视头发。

师范生应养成周期性洗头的好习惯，保持头发干净，通过勤洗头发，使之无异物、无异味。对师范生来说，勤于梳洗头发具体作用有三点：一是有助于消除异味，与学生拉近距离；二是有助于清除异物，给人以美感；三是有助于保养头发，增强自信。若懒于梳洗头发，皮屑随处可见，满头汗馊味或油味，弄得自己蓬头垢面，是很败坏个人形象的。

11.2.3　手部仪容

除面部之外，手部也是他人关注的另一个重要部位。对于师范生来说，双手堪称"第二张名片"，在教学之中，双手的利用率最高，所以要注意手部的保养，给别人留下好印象。

第一，经常洗手。

手是人的重要部位。在日常生活中，手是接触其他人、其他物体最多的部位。对于师范生而言，手的作用尤为突出，所以，要勤洗手。洗手应当是在一切有必要的时候（尤其是下课后），因为会有粉笔灰。

第二，修剪指甲。

指甲的整洁程度对于一个人的整体形象至关重要。师范生指甲应定期修剪，通常是每周修剪一次，不可长时间不剪指甲，也不要留长指甲。指甲要尽量保持简洁，不超过手指的指尖。对于女师范生来说，若指甲的外形不够美观，则可以根据情况进行适当的修饰，但不要刻意蓄留指甲。指甲不要太长，并且要经常进行修剪。由于师范专业的特殊性，在修剪指甲时，不要翻新花样，不要让它与众不同，不要使指甲形状奇奇怪怪。对于女师范生而言，留长指甲不但达不到学校对师范生的职业形象的要求，而且也极不卫生，毫无美感和实际用处，可能还会影响健康。从卫生的角度来讲，即使长指甲看起来"白白净净"，也是"藏污纳垢"之处。不要让指甲长过自己的手指尖，要经常修剪指甲，不要当众剪指甲，绝不可以直接用牙齿啃指甲。需要注意的是，女师范生不要把指甲涂得大红大紫、五彩斑斓，师范生的形象要求优雅含蓄，因此，不主张涂抹彩色指甲油，如果为了保护指甲，女师范生可使用无色的指甲油。

第三，去除死皮。

为了健康起见，要及时地除去甲沟附近的暴皮。除死皮时，要注意时机与场合，不宜当众操作，那样会显得形象不雅；同样，不宜在学生做题时除死皮，自己旁若无人地操作，影响学生的注意力。除死皮要用剪子或指甲

152

刀，不要用手去撕扯，那样会受伤，致使甲沟附近伤痕累累。

第四，防止伤残。

手部比较娇嫩，对手部要悉心保养，不要让它经常受伤。若手部皮肤红肿、粗糙皲裂，则应及时进行护理；若生疮、长癣、发炎等，则要及时治疗，同时避免接触他人，不论是直接还是间接接触，都会使人产生不快，甚至反感。

11.2.4　目光

目光是教师传递态度和信息的路径，是教师和学生交流中印象非常深刻的东西。比如在教师和学生的交往中，如果以期待的目光，不时地接触，注视学生讲话，带浅淡的微笑，这种温和而有效的方式，往往会在师生之间营造出一种温馨的氛围。在面试或者试讲的时候，要注意目光的运用，以增强面试或者试讲的效果。

11.2.4.1　目光的角度

在注视他人时，从某种意义上说，目光的角度意味着与交流对象关系的亲疏远近。一般来说，注视他人的角度，通常有以下三种：平视、仰视、俯视。所谓平视，即在注视他人的时候，视线呈水平状态。平视一般适用于普遍场合的交流与对话，有时候也适用于身份、地位平等的人与人之间的交流，比如同事之间的交谈、同行之间的课题研讨。所谓仰视，即在注视他人的时候，抬眼向上注视他人，主动居于低处。仰视表示敬畏、尊重，适用于面对尊长。在面试或者试讲的时候，倘如碰到比较年长的评委，表示对评委的尊重，可以适当地采用这种目光。所谓俯视，即在注视他人的时候，抬眼向下注视他人，可表示对他人轻慢或者歧视，也可表示对晚辈的宽容、怜爱，一般用于身居高处之时。这种目光要慎用，不宜多用。在面试或者试讲的时候，多处于位置比较高的讲台之上，不自觉地便会俯视，要注意不要过多采用俯视。

11.2.4.2　注视的部位

所谓注视的部位，一般是指在人际交往中，在目光交流中，目光的关注点。注视他人的部位不同，不仅反映双方关系不同，而且说明自己的态度不同。在面试或者试讲的时候，在初次见到评委时，要严格遵守目光注视的基本常识。比如，不宜过多地注视其头部、腿部、脚部与手部，不宜"目中无人"。在面试或者试讲的时候，通常允许注视他人的常规部位有以下几处：眼部至唇部、额头、双眼、眼部至肩部等，也可以注视对方双眼到嘴巴的"三角区"。

11.2.4.3　注视的方式

在面试或者试讲的时候，注视他人有多种方式可选择，师范生应当在注视方式上有所把握，不可因为注视方式的不妥，影响面试或者试讲的效果。师范生比较常用的注视方式有以下四种：直视、凝视、环视、盯视。

其一，在面试或者试讲的时候，可以采用直视的方式来注视他人。所谓直视，即直接地注视交往对象，以表示尊重、认真，直视适用于各种情况。如果直视他人双眼，也可以称为对视。如在和亲近的人谈话（教师与学生单独交谈）时，同时可以注视对方的整个上半身，或者关注对方，显示自己坦诚、大方。

其二，在面试或者试讲的时候，可以采用凝视的方式来注视他人。所谓凝视，即全神贯注地注视，是直视的一种特殊情况。凝视多用于表示专注及恭敬。另外，凝视也是长时间的正视，时间过长，会变为凝视。在面试或者试讲的时候，如果长时间注视某个学生，那么可能导致其不能专心听讲，学生可能会认为自己出现了什么问题。在面试或者试讲的时候，对于做小动作、精力不集中或窃窃私语的学生，师范生可以凝视他几秒钟，待双方目光接触以后再移开，这样既起到了告诫的作用，又保护了学生的自尊心。

其三，在面试或者试讲的时候，可以采用环视的方式来注视他人。所谓环视，表示认真、重视，即有节奏地注视身边不同的人员或事物，表示自己一视同仁，适用于同时与多人打交道。在面试或者试讲的时候，进行课堂教学时，环视是师范生运用最广泛的一种目光。

其四，在面试或者试讲的时候，可以采用盯视的方式来注视他人。所谓盯视，即目不转睛，紧盯着，长时间地凝视某人的某一部位。在面试或者试讲的时候，应注视对方的眼睛或脸部，在交谈中，以示尊重，如果双方缄默无语时，不要一直看着对方的脸，因为气氛局促，双方无话题时，会有踌踌不安的感觉，会使对方尴尬。

在面试或者试讲的时候，应尽量少用一些注视的方式。扫视表示吃惊、好奇，打量学生的时候可用，但不可多用；睨视即斜着眼睛注视，多表示轻视、怀疑，一般忌用；他视表示胆怯、心虚、反感、害羞、心不在焉，是师范生平时最不宜采用的一种目光。

11.2.4.4　目光的变化

在人际交往中，视线、目光、眼神都是时刻变化的。这些变化主要表现在以下三方面。其一，眼皮的开合。一般来说，人内心的情感发生变化，眼睛往往会随之变化。例如，瞪大眼睛，表示惊愕、愤怒；睁圆双眼则表示不满、质疑。其二，眼球的转动。一般来说，若反复转动，则表示在动心思；若其悄然挤动，则表示向人有所暗示。其三，瞳孔变化。瞳孔变化往往是显而易见，不由自主地反映着人们的内心世界。平时，瞳孔变化不多，若瞳孔突然变大，发出光芒，目光炯炯，则表示喜悦、惊奇、兴趣感；若瞳孔突然缩小，双目默默无光，即双目无神时，则表示厌恶、伤感、无兴趣。

一般情况下，注视的变化虽然难以觉察，但很多教师却非常会利用一些目光的变化进行教学。在试讲和面试的时候，也要学会捕捉目光的变化。当学生在课堂上回答问题出现错误时，怕其他同学蔑视他、嘲笑他，师范生可以看一眼后马上转移自己的视线，不要盯着他的脸，要呈现出老师对他的错误回答不在意，下次努力即可的态度。同样，在试讲和面试的时候，师范生用目光的变化，也能够起到调整课堂节奏、调整学生注意力的效果，用热情的目光可以烘托课堂的气氛，表达对学生的关注，从而引起学生的注意。

11.2.4.5　教学中的目光禁忌

教师在运用目光的时候，要懂得相关的禁忌。学生希望看到教师鼓励的目光，因为鼓励的目光给学生以自信和力量，增强学生的上进心、自尊心。学生只有从教师的目光中得到鼓励，才敢于大胆地表达自己的观点和要求，迎着教师鼓励的目光，学生能最大限度地张扬个性、享受自由，敢做自己想做的事，敢说自己想说的话。

其一，在试讲和面试过程中，作为未来教师，师范生要合理运用自己的目光，切忌用责怪的目光。责怪的目光容易使学生产生逆反心理，激化矛盾，造成学生对师范生的抵抗，不利于学生健康人格的发展，影响课堂教学的效果。

其二，在试讲和面试过程中，作为未来教师，师范生要合理运用自己的目光，忌漠视的目光。漠视的目光，一般是指不看着对方说话，只顾做自己的事，是冷淡、怠慢、心不在焉的情感流露。当讲话被学生打断，或因为学生发生突发事情被打断时，师范生要学会倾听，不能投以鄙夷或不屑的目光，要让学生勇于表达。在课堂教学中，漠视的目光会使学生产生自卑心理，极易使学生的自尊心受到伤害，导致学生对任何事情都缺乏信心和兴趣，任何活动都不敢积极参与，沉默寡言，最终导致性格上的冷漠、孤僻、自私。

其三，在试讲和面试过程中，作为未来教师，师范生要合理运用自己的目光，切忌目光呆板。在试讲和面试的过程中，师范生的眼球转动稍快表示有活力，但转太快则给人不庄重的印象，表示不真诚；眼球也不能转得太慢，因为那样会被认为缺乏生气。

其四，在试讲和面试过程中，对于作为未来教师，师范生要合理运用自己的目光，切忌看完学生突然一笑，因为如果那样，是一种讥讽。

其五，在试讲和面试过程中，对于作为未来教师，师范生要合理运用自己的目光，切忌面无悦色地斜视，因为那是一种鄙夷的神态。

11.3 仪表

教师是学生的表率，师范生的着装带有某种示范意义，同样，也具有育人的效果。可以说，教师的着装对于学生而言，就是一堂无声的礼仪课。在试讲或者面试过程中，师范生应该注重着装礼仪。

11.3.1 师范生着装基本原则

服饰是仪表的重要组成部分。很大程度上，服饰能反映一个人审美情趣的雅俗、文化素质的高低。对于师范生来说，在试讲和面试的过程中，也要注重着装。师范生的着装并不一定在于服装的流行时髦、新奇漂亮，也不一定在于本人是否有适宜装扮的身材、是否具有美感，关键在于着装要符合自己的身份。总体来说，着装要体现师范生作为未来教师的职业特点。具体来说，师范生在试讲和面试的过程中，在着装方面要注意以下几点。

11.3.1.1　注重整洁

在试讲和面试的过程中，师范生的着装应落落大方，整洁得体，避免邋遢或肮脏，追求情趣高雅、整洁和谐的美。

11.3.1.2　关注整体

对于师范生来说，在试讲和面试的过程中，着装要恪守服装本身约定俗成的搭配，注意全身服装的系统性。如穿西服时，应配皮鞋，而不能穿凉鞋、拖鞋、布鞋、旅游鞋、运动鞋。

11.3.1.3　注意协调

对于师范生来说，在试讲和面试的过程中，着装要与自身年龄、条件相协调。如对于上轻下重的形体，为削弱下肢的粗壮，宜选穿深色轻软的面料的裙装或裤装；身材高大丰满的女性，在选择搭配外衣时，亦适合用深色，这条规律适用于大多数人。

11.3.1.4　适时应景

对师范生来说，在试讲和面试的过程中，着装应结合教学内容，尽量与当时的地点、季节时间和教学对象相适应。举个最简单的例子，师范生在课堂教学中和运动会上，着装就应该有明显的区别。

11.3.2　女师范生着装礼仪

在试讲和面试的过程中，女师范生要注意以下几个方面。女师范生的服装可以分为职业服装和社交服装。职业服装包括连衣裙、西服套裙和西服套装；社交服装包括礼服（旗袍）、便服。女师范生服装选择余地极为广阔，裤装、裙装均可，其中以着西装套裙为宜。一般来说，女师范生不可穿吊带裙、超短裤、露脐装、低腰裤、露背装、过透的服装，内衣不外现。此外，一般要求上衣要有领有袖，不穿紧身衣，领口不可太低，若非特殊情况，也不宜穿过于肥大的衣服，以免影响美观。女师范生着裙装时，裙长一定要过膝盖半截袜子。对于女师范生来说，不穿袜子是不礼貌的。同时应注意，女师范生不穿鞋跟高超过5厘米的细高跟鞋或者走路声音很响的皮鞋，同时，不应该穿凉拖、拖鞋进教室。另外，女师范生还要注意不穿黑皮裙。

11.3.3 男师范生着装礼仪

在试讲和面试的过程中，男师范生要注意以下几个方面。男师范生的服装一般分为职业服装和社交服装。我国教师职业没有统一的职业服装，因此，对于多数男师范生而言，其职业服装和社交服装没有多大区别。一般来说，社交服装有正装和便装之分，通常来看，正装主要是中山装和西装，便装则多种多样。总的来说，在试讲和面试的过程中，男师范生衣服应有领有袖，不穿紧身衣、拖鞋、短裤参加面试。全身衣着的色彩不超过三种。如果全身衣着色彩多于三种，会失去庄重之感，令人眼花缭乱。下面重点探讨一下男师范生着西装时的礼仪。

男师范生着西装时，因西装讲究线条美，西裤必须有中折线，所以着西装前应熨烫出线条，不能随意将裤腿挽起，以后边能遮住一厘米以上的鞋帮为宜，西裤长度以前面能盖住脚背为宜；与西装配套的大衣不宜过长；穿西装通常不提倡穿毛衣，若要穿毛衣，则可穿一件，若穿在衬衫外，则领带放在毛衣内部。同时，在穿西装、打领带的情况下，绝不要穿运动鞋、凉鞋或布鞋，一定要配皮鞋。最好不要一双皮鞋连续穿3天以上，皮鞋要保持每天光亮整洁。在正式场合，男师范生一般穿黑色或咖啡色皮鞋。穿套装西装一定要穿与西裤、皮鞋颜色相同或颜色较深的袜子，以深蓝色、黑色或藏青色为最佳。男师范生穿套装西装最好不要穿尼龙丝袜和白袜子。尼龙丝袜不通气、不吸湿，易产生异味，妨碍办公和教学。此外，白袜子在与黑皮鞋、深色衣服相配时会形成极大的反差。

特别值得注意的是，体育老师上课时应穿运动装，不能穿皮鞋，要穿运动鞋。其他教师上课时或开家长会时，一般不穿运动装。总之，教师仪表得体会直接让学生对教师产生好感，提升教师在学生心目中的形象，树立教师的威信。因此，教师的仪表要具有职业美。

11.3.4 面试礼仪细节

对于师范生来说，在试讲和面试过程中，要更多地关注礼仪细节。

第一，在开始面试之前，通常有一段等候的时间，师范生切忌在等候时到处走动，更不能擅自从考场外面向里张望。师范生之间交谈时，也应避免影响他人应试或思考，尽可能地保持安静。

第二，切忌贸然闯入面试室。师范生在进入面试室之前，不能先把头探进去张望，一定要先轻轻敲门，得到考官的许可后方可入室。

第三，师范生走进面试室内，应先背对考官，随后将房门轻轻关上，再缓慢转身面对考官。

第四，在试讲和面试过程中，师范生应向考官微笑致意，并向考官说"你们好"之类的招呼语，这样能够营造和谐的气氛。

第五，师范生切勿主动伸手向前与对方握手；如果考官主动伸出手来，师范生应该回以坚定而温和地握手。

第六，在考官未示意时，师范生不要先坐下；考官示意请坐时，师范生应说"谢谢"。

第七，在试讲和面试过程中，师范生应尽可能记住每位考官的姓名和称呼，最好不要弄错。

第八，在试讲和面试过程中，师范生要真诚地注视对方，这样才能表示对考官的话感兴趣；绝不可心不在焉，东张西望，不要不停地看手表；要注意和考官的目光接触。

第九，在试讲和面试过程中，师范生回答问题时要口齿清晰，声音大小适度，不要太突然，不可犹豫，答句要完整，不可用口头禅。

第十，在试讲和面试过程中，师范生说话时目光要与考官接触。若考官有几位，则要看向首席或中间的那一位，同时，要兼顾其他考官。

第十一，在试讲和面试过程中，师范生要注意使用敬语，可以使用"您""请"等，要尽量避免使用常用的俗语，以免被认为油腔滑调。

第十二，在试讲和面试过程中，师范生不要随便打断考官说话，或就某一个问题与考官争辩，除非有极重要的理由。

第十三，在试讲和面试过程中，师范生口中不要含东西，更不要吸烟。

第十四，在考官结束面试前，师范生不要表现出急于离去、浮躁不安或要另赴约会的样子。

第十五，考官示意面试结束时，师范生应起立、微笑、道谢，说"再见"，这个时候，无须主动握手。

第十六，师范生离开面试室前，要正面考官，可以说"谢谢，再见"，然后推门出去，再轻轻关上门。

第十七，师范生进入面试房间前有接待员接待，那么在离开时要向接待员致谢并告辞。

第12章　师范生师德师风培养

师德师风建设历来是教师队伍建设的重要核心，也是评价教师队伍素质的首要标准。作为未来的教师，师范生是教师队伍的储备力量，加强师范生师德师风建设，既会对师范生未来的职业发展有潜在帮助，也会对师范生的顺利就业产生积极的影响；既是促使师范生全面发展的需求，也是促进中国教育事业发展的必然要求。

12.1　师德师风内涵

师德师风是目前对教师职业道德的一种描述。所谓师德，即教师的职业道德；所谓师风，即教师所带来的风气。长期以来，师德师风作为描述教师职业道德的专属名词经常被提及，师德师风也已经成为衡量教师道德标准的重要依据。师德师风的内涵包括以下几个方面。

12.1.1　敬业守责是师德师风基本原则

敬业即热爱、崇敬自己的岗位和自己的职业，是职业情感的体现，也是职业责任的表现，也是社会主义核心价值观提倡的内容之一。可以说，敬业是职业道德的底线，是职业操守的基本准则，是每个职业人需要遵守的规则。著名教育家陶行知先生的名句"学高为师，身正为范"强调，作为合格教师要潜心教书育人，具有高度的职业责任感，这是起码的道德素质。不管时代如何变化，爱岗敬业始终是教师师德师风的基本原则。

敬业是教师职业的根本，同时是教师这个职业给人们的基本印象。无数个优秀教师、教师劳模，其最基本的品质就源于敬业。教师在三尺讲台辛苦耕耘，在黑板上不停地书写着板书，对学生提出的问题不厌其烦地回答，在课后认真地批改学生的作业，在学生遇到问题的时候，教师总是第一个出现来解决学生的问题。这些情况充分说明了，教师敬业的重要性。敬业是教师的优秀品质，对于教师来说，敬业是极其重要的。首先，教师面对的是学生，是一个群体，每个学生的情况各不相同，每个学生都有不同的个性，同时面临不同的问题，这给教师加大了管理难度，如果教师没有敬业的态度，是难以胜任的。其次，教师不但要关注学生的学习心理、整体的学习情况，而且要关注学习困难的学生，事无巨细，或者说是都要细致，这要求教师必须敬业，才能有耐心完成各项工作。由此可见，敬业是教师工作的基本品质。

守责是教师职业的根基。教师与其他岗位有很大的区别，教师所实施的教学活动是培养学生成才的活动，是塑造人灵魂的活动。因此，教师的工作性质决定了其工作的复杂性和重要性。从复杂性来讲，教师承担着塑造灵魂、传播知识、提升技能的活动。如果教师没有责任心，无法将这份责任承担起来，就很难获得较好的教育效果。在每个人成长的路上，教师都扮演着领路人、支持者、引导者的角色。如果教师负责，那么学生的前进方向就会清晰，教师能帮助学生克服前进道路上的困难，使学生成长成才；如果教师不负责，那么学生就会消失方向，难以面对学习路上的困难。所以，负责任的教师往往会使学生受益，使学生在前进的路上不断得到帮助；不负责任的教师往往无法给学生提供前进路上的帮助，甚至会使学生荒废学业。

12.1.2　爱生重教是师德师风基本前提

教育由教与育组成，这是不可分割的两个主体，也是教师的两个重要的任务。习近平总书记以"筑梦人""系扣人""大先生""引路人"等称谓表达对教师的尊敬，这些称谓突出了教师的重要性。对于教师来说，教与育要兼顾，不能忽略任何一项，否则难以达成培养合格人才的教育目标。因此，在任何时候，教师要时刻对工作尽职、反思，秉承着"勤于施教，安于乐教"的原则，才能真正达到培养合格人才的教育目的。实际上，爱生和重教是教与育的体现，二者是互相影响的，爱生是重教的重要动力，重教是爱生的重要表现。因此，爱生与重教都是师德师风的重要前提。

从爱生的角度来看，教师要做到以下几点。第一，教师要珍惜、关怀学生，要了解学生的难处，想学生之所想，急学生之所急，切实解决学生成长成才中遇到的问题，给学生指引方向，教会学生解决问题的办法。第二，教师对待学生要耐心。对待学生在成长中出现的问题，教师要认真思索反思、深入分析、总结规律，这样才能够帮助学生更好地成长成才。第三，教师对待学生的事情要有热情，要把学生的事情作为自己的事情来办，做到全心全意，要把学生看作自己的孩子，全心全意地对待学生，这样才能更好地帮助学生。第四，教师的爱生不是盲目地爱生，要遵循一定的教育规律，因此，教师在解决学生问题的时候，既要系统学习教育学知识，从科学的角度分析学生的问题，又要遵循教育的规律，从教育的规律出发帮助学生，要能够抓住问题的关键，对症下药，才能收到好的教育效果。这里需要特别说明的是，教师爱生，既要对学生整体负责，也要对每个学生负责；既要让整体有积极的健康向上的面貌，也要关注每个人，做到一个也不能少。同时，教师爱生的内涵是十分全面的，既要帮助学生学习，也要帮助学生保持心理健康，让学生体会到教师的爱，从而全面成长。

从重教的角度来看，教师要基于自己的业务，提升教育教学水平，只有这样才能真正地帮助学生，才能促进学生成长成才。第一，教师要更新自己的教育理念，用先进的教育理念武装思想，这样才能够真正地适应时代，真正地将自己的教育活动落到实处，才能被学生接受。第二，教师要不断学习教育学、心理学知识，了解学生的特点，了解教育教学的发展规律，通过自己的研究贴近学生的生活实际，这样才能真正帮助学生。教育是一门科学，如果不尊重科学规律，那么教育的效果往往适得其反。第三，教师要提升教育教学水平，既要精于教育业务，扩充知识面，也要完善知识体系，还要创新教学方法，完善教学模式，增强课堂教育教学效果，这样才能更好地教书育人。第四，教师要及时反思。对于教育中出现的问题，教师要及时地反思、分析、总结，要在这个基础上实现对自己的分析总结，以提高教育水平。教师只有重视自己教育水平的提升，才能在实际工作中帮助学生成长成才，这也是教师的重要任务。

163

12.1.3 身正为范是师德师风基本要求

教师是教书育人的职业，同时是以德服人的职业。教师自身能否作为榜样，对于教育来说至关重要。孔子说："其身正，不令而行；其身不正，虽令不从。"孔子的说法点明了身教的重要性。作为人类灵魂的工程师，教师在秉承传播思想、知识的同时，更承担着传播真理、塑造灵魂、指点光明的崇高使命。对于教师来说，在与学生的朝夕相处中，其言行直接影响学生，影响他们找到正确的政治方向，树立正确的人生观。

教师如果想让学生立德、立身、立学，那么就应该发挥榜样的作用。也就是说，教师首先要做到立德、立身、立学，这样学生才能够以教师为榜样。如果教师不能够做到立德、立身、立学，学生不但不能从教师身上获取正能量，反而会对教师产生不良的印象，从而对教师不认同。在这种情况下，学生在学习的过程中会出现不配合、与教师关系紧张的现象，影响教学的实施。

第一，教师应该先立德。教师应该做一个有原则的人，做一个品德高尚的人，做一个爱国的人，做一个敬业的人，做一个诚信的人，做一个友善的人。只有这样，学生才能够真正从道德水准方面认同教师，才能跟教师明大德、守公德、严私德，才能真正跟教师一起，学习知识，学习做人，提高道德修养。因此，对于教师来说，如果不能够提升自己的道德水准，那么是没有资格进行教书育人的。所以教师要提升自己的道德水准，这样才有资格教育学生，才能在教学活动中潜移默化地发挥育人功能。

第二，教师应该立身，坚持自己的原则。在为人处世中，教师应坚持自己的原则，遵守自己的内心，只有这样，才能做一个高尚的人、纯粹的人、诚实的人。在大是大非面前，教师要在立场方面为学生做榜样，只有这样，学生才能够真正学会做人的道理。此外，教师还应该规范自己的言行，给学生树立良好的榜样，让学生通过对教师的观察，见贤思齐，不断规范自身的言行。

第三，教师应该立学，突出自己的学习精神。教师不应该只作为一个知识的传播者，更应该作为一个优秀的学习者，以榜样身份出现在学生的视野里。在学习这个问题上，教师与学生应该保持高度的一致。也就是说，教师不仅是要传授学生知识，而且要做良好的示范，做一个优秀的学习者，成为学生学习的榜样。一方面，教师应该表现出谦虚好学的态度，不断进步，不断学习，这样才能给学生作为一个良好的示范，让学生不断进步。另一方面，教师应该表现出不耻下问的态度，这样才能打开学生的心扉，让学生明白问问题是正确的学习态度。

12.1.4　完善自身是教师追求的目标

教师坚持兢兢业业的治学态度与精神、不断地提高自己的业务能力，是应对各种变化的基础，是师德师风形成的本源。完善自身是教师追求的目标。教师要加深理论的探讨，加强信息的吸纳整理，加强现代教学技术的应用，使教学内容不断精简更新，制订符合时代特色的教学方案，各项工作才能以崭新的姿态有条不紊地顺利完成。

时代在变，教师也不应该一成不变。教师只有紧跟时代潮流，不断完善自身，才能够更好地帮助学生，才能够体现自身的价值，才能够在时代的变化中真正地为学生教育提供更大帮助。

随着社会的发展、科技的不断进步，今天，知识更新换代的周期变得越来越短，不断有新的理念、新的知识、新的技术产生，这就要求教师以开放的心态来面对知识、技术、所发生的一切，要不断学习、不断更新、不断进步，不断提升自己，只有这样才能够紧跟时代的步伐，才不至于落伍，才能够提升自己的能力。

以现代教育技术为例，随着网络技术和信息技术的发展，现代教育技术的发展日新月异。以往仅仅依靠粉笔和黑板的教学时代一去不复返。今天学生更习惯于通过网络教学、可视教学来进行学习，在这种情况下，教师就应该不断提升自己的教学水平，不断提升自己的现代教育能力。只有这样，才能够紧跟学生的学习习惯，才能够和学生进行有效的沟通。

同样，由于网络的出现，教师所获取的知识和学生所获取的知识几乎对等。毫不夸张地说，教师不再是知识的权威。目前来看，教师需要转变角色，成为学生获取知识的指导者，成为答疑解惑者，成为学生学习的合作者。如果教师没有这样的观念，就不能及时转变角色，那么势必与学生之间产生角色冲突，学生也很难认同教师的教学内容、教学理念和教学方法，这样一来势必影响教学效果。

随着经济社会的发展，教育在不断进步，今天的教学已经发生了巨大的变化。如果教师依然按照老办法套用到今天的学生身上，那么很难获得成功，因为今天的学生有着更为丰富的生活阅历，有着更为开阔的知识视野，有着更为优越的生活条件，教学老办法很难得到学生的认同。在这种情况下，教师必须改变自己，使自己的教学能力与学生需求相匹配，而不是要求学生达到自己想要的样子、让学生与自己看齐。由此可见，教师一定要明白，要以学生为中心，服务于学生，围绕学生来完善自己，这样才能成为一名优秀的教师。

12.2　师范生师德师风在就业中的价值

师德师风是教师的基本素质，也是教师各项素质的基本前提。优秀的教师应该德才兼备，以德为先。正因为如此，在师范生就业的过程中，师德师风是师范生自身素质的一个优先考核的标准，在师范生就业过程中起到重要的作用。可以这样说，用人单位在招聘教师的时候，优先考查师德师风。对于师德师风有问题的应聘者，用人单位不会给予机会。因此，师范生应该提升师德师风修养，满足教师岗位的需求，这样才能在就业活动中占据优势。

12.2.1　师德师风是师范生应聘成功的重要保障

在师范生求职择业的过程中，师德师风是用人单位首要考虑的问题。教师是一个特殊的职业，被称为"太阳底下最光辉的职业"。因此作为一名教师，理应拥有良好的品德和正派的作风。在这种情况下，师德师风成为用人单位筛选应聘者的基础。也就是说，师德师风是师范生求职择业的标配，是一个硬性指标。一般来说，在求职择业过程中，用人单位考查师范生的师德师风，除了在面试环节进行了解，还要在试用阶段进行考察。此外，有的用人单位还去师范院校了解师范生的具体表现，对师范生的师德师风做综合评定。如果师范生在师德师风方面存在问题，很难被用人单位录取。即使被用人单位录取，在试用期间，用人单位也会重点考查师范生的师德师风，如果发现师范生的师德师风存在问题，那么用人单位依然可以拒绝录用师范生。也就是说，对于师范生来说，师德师风在就业过程中是非常重要的，这不仅是用人单位对师范生的要求，更是教师岗位对师范生的要求。如果师范生想成功应聘教师岗位，那么提升师德师风的修养、体现出良好的师德师风面貌，对于就业成功非常关键。以往，有很多学习成绩不错、表现不错的师范生，因为在师德师风上存在着瑕疵，结果被用人单位拒绝。所以，作为公共事业的教师岗位，容不得半点道德上的瑕疵。师范生要像爱护自己的眼睛一样，珍视自己的师德师风，提升自己的师德师风修养。

12.2.2　师德师风是师范生职业发展的必备素质

即使师范生经过了求职择业这一关，获得了教师岗位，师德师风对于师范生来说依然重要。虽然师范生已经成为教师，但师德师风依然是师范生要遵循的基本规则。有的师范生在求职择业期间表现很好，但进入了用人单位的教师岗位上工作，放松了思想修养，没有对师德师风加强培养，造成师德师风水平的下降，从而在教师岗位上犯下了师德师风方面的错误，影响了自己的职业生涯，有的甚至被清除出教师队伍，从而遗憾终生。

随着互联网时代的到来，教师岗位及教师的行为开始成为社会热议的话题。教师的师德师风在大众的监督下展露无遗。目前，由于网络媒体的传播，在互联网中出现了一些关于师德师风的问题，这也给即将成为教师的师范生提一个醒，即要时刻注意自己的言行，提高师德师风修养，规范自己的行为，这样才能在教师的道路上越走越远，才能更好地教书育人。

12.2.3　师德师风是师范生自我价值实现的基础

根据马斯洛的需求层次理论，人有很多需求层次，而自我实现需求是所有需求层次中级别最高的。对于师范生来说，在教师岗位中完成自我实现是每一名师范生所追求的。师范生在教师岗位自我价值实现，师德师风是基础。一方面，良好的师德师风可以帮助教师勇敢地面对内心，做自己想做的事情，贡献自己的力量，让自己全身心地投入热爱的教育事业，从热爱的教育事业中获取自己的满足。另一方面，良好的师德师风可以帮助教师积攒良好的口碑，这些良好的口碑可以作为馈赠帮助教师获得存在感、归属感，从而帮助教师更好地实现自我价值。

12.3　师范生在师德师风培养上存在的问题

师德师风是师范生的基本素质，也是未来成为合格教师的基本要求，无论是对师范生的求职择业，还是对师范生的职业发展，都有着重要的意义。但目前来看，少部分师范生在师德师风上存在着一定的问题。

12.3.1　师范生在师德师风培养上存在问题的表现

一般来说，师范生在师德师风培养上存在的问题有如下几个方面。

第一，缺乏对教师职业的崇高感和热情。缺乏对教师职业的崇高感和热情，是师范生在师德师风上问题的一大表现。目前来看，部分师范生对教师职业缺乏崇高感，仅仅把教师职业看作一般职业，没有将教师职业看作教书育人的崇高职业，甚至在一些师范生的眼里，教师岗位不过是他们获取报酬的路径。在这种情况下，很多师范生很难做到爱岗敬业，对待工作上的事情往往是马马虎虎、得过且过，在工作态度上也出现了一些问题。同时，部分师范生没有将教师岗位作为崇高的职业，所以也对教师岗位缺乏热情，没有钻研的动力，缺乏精力的投入，在担任教师之后，也没有明显的进步，只是浑浑噩噩混日子。

第二，缺乏对学生的关爱和责任感。缺乏对学生的关爱和责任感，是师范生在师德师风上问题的一大表现。部分师范生缺乏对学生的关爱，对学生没有投入一名教师应有的感情，在这种情况下，很难搞好师生关系。由于师生关系是一种特殊的关系，是一种认同与依赖的关系，只有建立有良好的师生关系，彼此才会信任，才会实现教学相长。对于部分师范生来说，由于师生有距离感，落实到具体教学上，也很难产生好的效果。同时，对于部分师范生来说，对学生缺乏应有的责任感，教师岗位关乎学生的成长，也助推学生的成才，无论对国家，对民族，对社会，还是对个人，教师都担负着重大的责任。如果师范生对学生缺乏一定的责任感，那么就很难将责任扛在肩，很难在教育教学活动中全情投入，教学效果也会大打折扣。

第三，自身道德修养存在缺陷。自身道德修养存在缺陷，是师范生在师德师风上问题的一大表现。对于部分师范生来说，自身道德修养存在缺陷，如不良嗜好，很可能给学生带来不良的影响，从而很难让学生感动认同，影响教育效果。部分师范生存在着生活作风方面的问题，这些问题也会抹黑教师的形象，甚至产生不良的社会影响。近期，网络上的教师生活作风问题频频发生，也给师范生提了个醒。部分师范生贪图钱财，接收学生家长的红包或者小礼物，这些也会在教师队伍中产生不良的影响。

第四，缺乏完善自身师德师风的意识。缺乏完善自身师德师风的意识，是师范生在师德师风上问题的一大表现。一方面，部分师范生没有认识到师德师风的重要性，认为师德师风是隐性的东西，看不见，摸不着，没有必要重视，甚至认为强调师德师风是一种无聊的行为，所以对于师德师风修养不屑一顾。另一方面，部分师范生虽然认识到师德师风的重要性，但不知道该如何提升师德师风，所以大多数时候人云亦云，并没有将师德师风建设落到实处。

12.3.2　师范生在师德师风培养上存在问题的原因

师范生在师德师风培养上存在问题的原因，有如下几个方面。

第一，从学校角度看。学校对师范生师德师风教育不重视，是师范生在师德师风上存在问题的原因之一。虽然一直强调师范生师德师风教育的重要性，但不可否认的是，对于部分师范院校来说，师德师风教育并没有得到应有的重视。一方面，师德师风教育是隐性教育，很难出现明显的成果，因此在教育评价中，往往不能成为考核的依据，这使得师德师风教育的开展往往雷声大、雨点小。另一方面，师德师风教育目前尚未探索出长效的教育机制，所以在实施的时候缺乏头绪，这是学校对师范生师德师风教育不重视的原因之一。

第二，从教学角度看。学校对师范生师德师风教育方法单一，是师范生在师德师风上存在问题的原因之一。学校对师范生师德师风的教育方法，目前以宣传为主，难以进行系统化的教育，对师范生师德师风教育的力度不够。一方面，学校对师范生师德师风进行宣传，往往是宣传一些典型，让师范生见贤思齐，缺乏教育的深度和广度。另一方面，没有针对师范生自身制订个性化的教育，使师范生觉得学校对师范生师德师风教育停留在表面，无法感受到对师德师风教育的重视程度。

第三，从师范生角度看。受各种不良思潮和价值观影响，是引发师范生在师德师风问题的原因之一。目前，随着改革开放的深入、社会的发展，特别是网络的兴起，各种思潮、各种价值观纵横交织。师范生思想活跃，往往乐于接受各种信息，因此，很容易受不良思潮和价值观的影响，淡化师德师风建设。如当前网络中盛行的享乐主义、消费主义、泛娱乐化等不良的价值观，会使师范生变得自私、功利，从而影响师范生师德师风建设。

第四，从师范生角度看。缺乏自我修养意识和行动，是师范生在师德师风上存在问题的原因之一。目前来看，师范生普遍缺乏自我修养意识和行动。在日常生活、专业学习、实习实践中，很少有师范生有意识地去提升自身的师德师风。一方面，很少有师范生具有提升师德师风的意识，这与师范生对师德师风的重要性认识不足有关，正因为师范生对师德师风的重要性认识不足，才忽略了自身师德师风的建设；另一方面，很少有师范生能够找到恰当的方法，提升自身的师德师风，这是培养师德师风的能力问题。

12.4　师范生师德师风培养路径

师德师风建设对师范生成为一名合格的教师具有基础性的作用。师范院校要高度重视师范生师德师风建设，不断开辟师范生师德师风培养的新路径，从而全面提升师范生的师风师德。

12.4.1　正确认识师德师风的重要性

对师范生来说，加强师德师风建设，强化师德师风培养，要正确认识师德师风的重要性。师范院校应该真正认识到师德师风建设的重要性，拿出切实可行的办法，提升师范生的师德师风。一方面，对于师范生来说，师德师风是就业的必要元素，同时是其未来发展的重要保障。如果师范生没有良好的师德师风，在未来的发展路上就有可能犯错误或者遇到阻碍。另一方面，对于师范院校来说，如果培养的师范生缺乏师德师风，那么有可能受用人单位的诟病，影响师范院校的名声，给师范院校带来名誉损失。

12.4.2　加大师德师风宣传力度

对于师范生来说，加强师德师风建设，强化师德师风培养，要加大师德师风的宣传力度。其一，师范院校要在传统宣传方式上加大力度，在树立榜样的同时，也要强调师范生的大量参与，扩大宣传面。其二，师范院校要加强网络宣传力度，利用互联网，特别是自媒体，加大师德师风的宣传力度，深化师范生对师德师风的认识。宣传是提升师范生师德师风的重要路径，师范院校一定要充分发挥各管理部门的作用，强化师德师风的宣传。

12.4.3　开设师德师风专门课程

对于师范生来说，师范院校应加强师德师风建设，强化师德师风培养，要开设师德师风的专门课程，开展针对式教学。师范院校应该根据师德师风的具体内容，开设专门课程，对师范生进行全面、深入、系统的师德师风教育，让师范生全面了解师德师风的具体内容，从认知角度深入了解师德师风，为提升自身的师德师风修养奠定良好的基础。

12.4.4　创设师德师风文化环境

对于师范生来说，加强师德师风建设，强化师德师风培养，要创设师德师风的文化环境。师范院校应该加强师德师风的文化环境创设，在校园文化中融入师德师风的内容，举办师德师风的相关活动，让师范生在潜移默化中深化对师德师风的认识，加强对师德师风的践行力度，从而潜移默化地提升自身的师德师风。文化环境的熏陶是持续的，创设师德师风的文化环境，对于师范生师德师风的培养非常重要。

12.4.5　强化实习实践师德师风

对于师范生来说，加强师德师风建设，强化师德师风培养，要强化实习实践的师德师风。师范院校要在师范生的实习实践中，进一步强调师德师风的培养。师范生的实习实践是师范生走上教师工作岗位的预演，也是培养师范生师德师风的好机会。师范院校要将师德师风的培养作为师范生实习实践的重要内容，在师范生的实习实践中加以强调。只有这样，才能让师范生有目的地在实习实践中强化师德师风，在获取教学经验的同时也提高自身的师德师风修养。

12.4.6　制定师德师风有效标准

对于师范生来说，加强师德师风建设，强化师德师风培养，要制定师德师风的有效标准。评价师范生的师德师风，可以促使师范生提升自身的师德师风。评价师范生的师德师风的关键是制定师德师风的有效标准。只有确定师德师风的有效标准，才能够有效评价师范生的师德师风。因此，师范院校要根据师德师风的内容，根据教学实践的需要，根据教师岗位的需要，根据师范生成长的需要，制定一套明确的关于师德师风的有效标准，并且利用这套标准对师范生的师德师风进行评价，帮助师范生发现自己在师德师风方面的不足，查漏补缺，全面提升师范生的师德师风。

第13章　师范生创新创业能力培养

创新创业是目前大学生就业的重要形式之一。目前来看，由于毕业人数多，大学生就业压力大，适合的岗位较少，大学生就业出现了结构性的困难。在这种情况下，大学生可以以创业带动就业，促进产业结构的升级，在很大程度上缓解大学生就业的压力。师范生是一类特殊的大学生，其对应的主要工作岗位是教师岗位。在以往的大学生创新创业教育中，对师范生创新创业的要求不是很多。但随着师范生就业压力的增大，关于师范生创新创业教育的开展、师范生创新创业能力的提升，已经成为师范院校及师范专业关注的重点话题。

13.1　师范生创新创业意义

与一般大学生不同，师范生的专业性较强，这使得师范生的创新创业领域往往集中在教育领域，这也是师范生创新创业的特殊之处。一般来说，师范生创新创业有以下几个方面的意义。

13.1.1　补充教育行业服务功能

师范生的创新创业具有补充教育行业服务功能的作用。目前来看，我国的教育事业主要以公办教育事业为主。比如我国的基础教育中包括公办小学、公办初中及公办高中，在学校教育阶段有公办幼儿园，在高等教育阶段有公办大专和大学。虽然目前我国民办教育机构也在蓬勃发展，但幼儿园、小学、初中、高中、大学等各个教育层次的占比都不高。公立学校师资力量雄厚，又有财政拨款，可以很好地提供教育服务，但公立学校受教育行政部门的统一管理，缺乏办学的多样性。同时，公立学校在教育方面更面向学生群体，往往不能提供个性化的教育。师范生可以针对目前教育行业服务尚未覆盖的区域进行创新创业，通过弥补行业的空白、提升服务的质量来获得创新创业的机会，补充当前教育行业的服务功能。

一方面，师范生可以通过弥补教育行业的空白进行创新创业。事实上，对于师范生来说，创新创业不可以好高骛远，不要把目光放在开办教育机构方面，因为开办教育机构不仅需要雄厚的财力，也需要丰富的经验，还需要教育行政部门的审批，这是刚毕业的师范生难以胜任的。师范生可以从小处着眼，通过向学校提供课程服务，或者向个人提供咨询服务，实现创新创业。师范生可以向公立学校或者民办学校提供课程服务，比如有的公立学校或者民办学校没有书法课的教师，无法有效开展书法课教学，而书法课恰恰是很多学生感兴趣的课程，对未来学生的书写有很大的帮助，因此，师范生可以设计书法课程，与学校进行对接，弥补公立学校或者民办学校课程方面的空白。同样，很多公立学校或者民办学校在科普教学上存在空白，虽然很多公立学校和民办学校有自然等科普课程，但不够生动，学生参与度低，师范生可以设计参与性、趣味性强的科普类课程，植入学校教学中，在提高学生科学素质的同时，也可以弥补学校科普教学不足的问题。师范生可以为学生或者家长提供咨询工作，解决学生或者家长在学生成长过程中的困扰，从而获得报酬。比如有的学生记忆方法不对、有的学生学习方法落后、有的学生缺乏学习应有的意志品质等，师范生可以针对这些问题，提供解决方案，帮助学生成长成才。

另一方面，师范生可以通过提升服务的质量进行创新创业。目前来看，在学校教育中，依然有很多领域需要提升服务质量。但学校的资源很难实现学校教育服务的全面提升，需要引入外来资源来弥补学校资源的不足，这也是师范生创新创业的机会，师范生可以为学校提供活动组织服务。对于学校来说，组织相应的实践活动往往不够专业，但如果引入专业的活动组织机构，就可以提升服务质量。师范生可以以游学项目为主，为学生提供相应的服务，弥补学校组织游学项目能力的不足，帮助学生成长成才。

13.1.2　提高师范生就业率

师范生的创新创业，具有提高师范生就业率的作用。目前来看，随着大学生就业压力的增大、我国人口老龄化趋势的加深，教师的工作岗位越来越少，师范生的就业压力越来越大。在这种情况下，如果师范生能够通过创新创业的形式，创办围绕教育事业的服务实体，不仅可以解决自身的就业问题，还可以带动其他师范生的就业。比如，某师范创业团队面向幼儿园组织各类活动，在创业成功后，创业团队的规模开始扩大，向更多的幼儿园提供服务，并开始向中小学提供游学服务。在这一过程中，这一团队的人数急剧增加，吸纳了更多的师范生就业。应该说，师范生的创新创业，既开辟了教育世界的新领域，也提升了教育行业的服务质量，同时解决了师范生的就业问题，对于全方位提高师范生的就业率具有积极的意义。

13.1.3　促进教育新元素融入

师范生的创新创业，具有促进教育新元素融入的作用。目前来看，受各种因素的影响，学校教育在教学改革方面依然稳扎稳打，但在创新方面略显不足。对师范生创新创业来说，由于管理比较灵活，完全可以引入新的教育元素，促进教育的改革。师范生可以独立设计适用于幼儿园或者中小学生的国学课程，并把这些国学课程植入学校教育，在国学课程的内容选择方面，具有更大的灵活性，这一点是学校做不到的。师范生可以针对儿童喜欢探索的特点，研究科普类课程，植入学校教育，全面提升学生的科学素养。另外，师范生也可以依托地方文化，开发与地方文化有关的课程，植入学校教育，为弘扬地方文化做贡献。总的来说，师范生创新创业更容易融入新的教育观念、设置新的教育内容、使用新的教学方法、运用新的教学手段，全面促进教育新元素的融入，做学校教育的改革与发展的排头兵。

13.1.4　促进教育经济发展

师范生的创新创业，具有促进教育经济发展的作用。随着我国社会的发展、教育事业的拓展与加强，教育经济逐渐成为我国国民经济的重要组成部分。师范生围绕教育事业创办了一个又一个实体，为促进教育经济的发展做贡献。不管是创建教育培训机构，还是创建教育咨询机构，不管是研发教育科技产品，还是提供丰富的教育内容，都是作为独立的经济体。这里需要说明的是，师范生创新创业，不仅可以获得良好的经济效益，而且可以获得良好的社会效益。近年来，互联网经济逐渐发展，成为我国经济的主要增长点之一。师范生在创新创业过程中，可以考虑依托互联网，提供更多的教育产品，促进互联网教育经济的发展。

13.2　师范生创新创业主要领域

师范生学习的内容与教育领域息息相关，因此，师范生创新创业的主要领域应该在教育领域。具体来说，师范生创新创业的主要领域，可以集中在以下几个方面。

13.2.1　提供课程服务

对于师范生来说，在教育领域创新创业，可以选择课程服务方向。虽然目前国家政策明令禁止学科类的课外教育活动，但素质教育依然有着很广阔的发展空间。师范生可以选择非学科类的课外教育，研发相应的课程，提供课程服务。比如，师范生可以选择美术、书法等艺术类教育开展课程培训；可以选择体育类的单项项目开展课程培训；可以选择中华优秀传统文化的项目课程培训；可以选择科普类的项目开展课程培训。

师范生提供课程服务，要注意以下两点。第一，要对课程内容进行整合，对教学方法进行创新，争取在同类的课程服务中，拥有一定的优势，这样才能在竞争中生存下来。第二，开展课程服务，既可以使用单独的场所开展课程服务，也可以将课程植入学校，与学校合作，利用学校的教室开展服务。

13.2.2　提供服务活动

对师范生来说，在教育领域创新创业，可以选择服务活动的方向。目前来看，为学校和学生提供服务活动，是师范生创新创业的主要方向之一。比如，师范生可以为学生提供研学服务，帮助学生在假期更多地了解社会，开拓视野；可以为学生提供具有教育意义的舞台剧服务，与剧团合作，推出好的文艺作品，提升学生的精神境界，为学生提供精神食粮；可以为学校提供一些赛会的服务活动，比如学校的运动会、学校的重大典礼，均可以外包给师范生来负责，这样既提高了学校活动的质量，也节省了学校相关人员的时间和精力。

13.2.3　提供咨询服务

对于师范生来说，在教育领域创新创业，可以选择咨询服务的方向。师范生在教育领域所能提供的咨询服务，一般包括以下几类：其一，关系到学生未来规划的咨询服务，比如学生课程学习的咨询服务，报考及专业选择的咨询服务，留学的咨询服务；其二，师范生可以承担学校的招生任务，包括民办学院及职业院学校的招生宣传工作，帮助学校顺利开展招生工作，招到更多的学生；其三，师范生可以为学习困难的学生提供学习服务，帮助学生优化学习方法，制订学习计划，解决困难。同时，师范生也可以为受心理因素困扰的学生调适心理，排忧解难。现在看来，随着人们对教育的重视，对教育咨询的需求的增多，教育咨询的门类也越来越多，教育咨询的市场也越来越大，教育咨询市场也将是师范生创新创业的主要市场之一。

13.2.4　提供产品服务

对于师范生来说，在教育领域创新创业，可以选择产品服务方向。师范生同样可以生产教育产品来进行创业，比如相应的助学产品包括能够起到辅助学习作用的书籍、文具等。同时，师范生也可以将教育与科技相结合，依托网络技术或人工智能技术，生产具有高科技元素的教育辅助产品，帮助学生更好地学习和成长。

13.3　师范生创新创业存在的问题

目前来看，师范生创新创业存在着以下几个方面的问题。

13.3.1　师范生创新能力不强

目前来看，师范生的创新能力不强，是师范生创新创业中存在的一个主要问题。相比于其他专业，师范生的就业目标更加明确，这导致师范生在就读的过程中，创新意识并不是很强。因此，师范生在就读期间，也没有磨砺出更强的创新能力。师范生创新创业过程中往往会因为缺少创新能力而找不到好的创新创业项目，使创新创业活动处于停滞状态。

13.3.2　师范生创业热情不高

同样，与其他专业学生相比，师范生的创业热情不高。因为师范生在就读期间，就已经明确未来的就业岗位是教师岗位，大多数师范生，并没有做好创业的心理准备，导致创业热情不高，很少涉足创业领域，这也是当前师范生创新创业存在的一大问题。

13.3.3　师范生创业远离专业

另外，师范生在创新创业的过程中，往往会远离教育行业，这使得师范生创新创业的活动失去了原本的意义。比如师范生觉得餐饮行业赚钱，就开一家面馆或者快餐店，这样虽然可以解决就业问题，也可以产生一定的经济效益，但这样的创业属于一般创业，并没有将创业与所学的专业联系起来，缺乏相应的创新元素，因此并不属于创新创业的范畴。如果师范生没有结合师范专业所学内容进行创业，那么就不能发挥其专业优势，也会影响创业的成功率。

13.3.4　师范生创业思路不宽

此外，在师范生创业的过程中，创业思路不宽也是影响师范生创新创业的重要原因之一。很多师范生在创新创业的过程中，缺乏市场调查，将创新创业简单地理解为补课，没有看到丰富的教育市场，视野狭窄，不能发现教育市场的需求点。

13.4 师范生创新创业路径创新

师范生创新创业的路径，可以有以下几个方面。

13.4.1 通过学校创新创业教育孵化

师范生的创新创业，可以通过学校创新创业教育孵化来完成。目前，各个高校的创新创业教育在广泛开展，师范院校也不例外。有创新热情的师范生可以利用在学校的机会开展创新创业项目，并通过创新创业大赛等机会，获得学校及投资方的认可，在学校期间获得投资，形成经济实体，这是师范生创新创业的一个很好的路径。

13.4.2 代理教育产品

师范生的创新创业可以通过代理教育产品来实现。师范生初创实体一般存在投入成本高、产品周期长的问题，给师范生初创实体的运营造成很大的困难。为了规避这些创业风险，师范生可以采用代理教育产品的形式。这种创业形式有以下三点好处：一是成本较低，投入效果较好，风险较小；二是产品周期短，能够快速回本；三是有利于师范生积累创业经验，提升创业水平，为进一步开展创业做准备。

13.4.3 基于网络创业

师范生的创新创业，可以通过基于网络创业来实现。目前来看，网络创业既有优点也有缺点。优点方面，师范生基于网络的创新创业，往往成本较低，设计领域较广。缺点方面，师范生基于网络的创新创业竞争比较激烈，一旦没有形成爆点，很难产生利润。

13.4.4　组成团队创业

师范生的创新创业可以通过组成团队来实现。由于创业所需要的资源多、风险大，师范生的创新创业最好组成创业团队，实现资源共享、风险共担，这样才能发挥人多力量大的优势，提高创业的成功率。当然，师范生组成团队创新创业，要做好团队的关系梳理和内部管控，确保团队内部团结一致，共同发展。

参考文献

[1] 陈学飞. 教育政策研究基础 [M]. 北京：人民教育出版社，2011.

[2] 孙柏瑛，祁光华. 公共部门人力资源开发与管理 [M]. 北京：中国人民大学出版社，2004.

[3] 李友芝，李春年，柳传欣，等. 中国近现代师范教育史资料：第一册 [M]. 北京：人民教育出版社，1983.

[4] 王泽普. 中国师范教育改革与发展研究 [M]. 桂林：广西师范大学出版社，2001：72.

[5] 邓金. 培格曼最新国际教师百科全书 [M]. 北京：学苑出版社，1989.

[6] 陶新华. 教育中的积极心理学 [M]. 上海：华东师范大学出版社，2017.

[7] 李磊. 管理心理学 [M]. 天津：南开大学出版社，2011.

[8] 杜映梅，BESSIE. 职业生涯规划 [M]. 北京：对外经济贸易大学出版社，2005.

[9] 曲洁. 义务教育改革与发展的政策工具研究 [D]. 上海：复旦大学，2013.

[10] 邓廷云. 免费师范生就业政策问题研究 [D]. 重庆：西南大学，2012.

[11] 霍东娇. 中国百年师范教育制度变迁研究 [D]. 长春：东北师范大学，2018.

[12] 王盼. 90 后大学生职业价值观与求职行为关系研究 [D]. 北京：北京交通大学，2017.

[13] 李支其. 免费师范生教师职业生涯规划教育研究 [D]. 西安：陕西师范大学，2010.

[14] 于海波. 高师生职业价值观研究 [D]. 重庆：西南师范大学，2001.

[15] 王开富. 免费师范生职业生涯规划的研究 [D]. 重庆：西南大学，2010.

[16] 李亚亭，徐寅洁. 课程思政视野下历史教学文化自信培育路径 [J]. 文学教育（下），2020（6）：138-139.

[17] 高金龙，谢国平. 文化自信融入大学生思想政治教育的路径探析 [J]. 南昌师范学院学报，2023，44（1）：41-45.

181

[18] 李文静."双减"政策下高职师范专业就业现状与对策分析 [J]. 就业与保障, 2021（23）: 84-85.

[19] 李兵, 杨婷. 以职业生涯规划教育提升高职生就业能力的路径 [J]. 哈尔滨职业技术学院学报, 2021（3）: 48-50.

[20] 饶满萍. 高职院师范生实习的窘境与对策 [J]. 教育与职业, 2021（6）: 107-112.

[21] 徐驰. 民族地区高职师范生乡村从教意愿及影响因素研究 [J]. 大视野, 2021（6）: 24-32.

[22] 魏彦吉."双减"政策下师范生就业问题探究 [J]. 长春师范大学学报, 2022, 41（6）: 117-120.

[23] 窦浩容. 经济新常态下大学生就业问题研究 [J]. 就业与保障, 2022（6）: 97-99.

[24] 王志广. 师范生培养过程中存在的问题及应然策略 [J]. 教育理论与实践, 2014, 34（29）: 23-25.

[25] 肖笃森. 地方高师院校教师教育改革发展探析 [J]. 赣南师范学院学报, 2015（5）: 79-81.

[26] 王志贤. 大学生就业心理困境干预途径研究 [J]. 中国成人教育, 2017（1）: 80-82.

[27] 蔡其勇, 郑鸿颖, 李学容. 新时代乡村教师队伍建设策略 [J]. 中国教育学刊, 2018（12）: 81-86.

[28] 王智超, 杨颖秀. 地方免费师范生: 政策分析及现状调查 [J]. 教育研究, 2018, 39（5）: 76-82.

[29] 曹婧, 马玉芳. 公费师范生教育政策存在的问题及应对策略探究 [J]. 黑龙江高教研究, 2019, 37（5）: 79-82.

[30] 龙正香, 郑琳川. 公费师范生学习动力的现状、问题与对策: 基于西部地区5所高师院校的调查研究 [J]. 西昌学院学报（社会科学版）, 2019, 31（4）: 114-119.

[31] 杨晓蓉, 李欣. 基于成就目标理论的公费师范生定向就业对学业成绩的影响: 以新疆维吾尔自治区为例 [J]. 新疆师范大学学报（自然科学版）, 2019,

182

38（2）：82–89.

[32] 彭小奇.培养师范生的高尚师魂 [N].中国教育报，2019–02–28（2）.

[33] 苏尚锋，常越.地方公费师范生政策与乡村教育的"留住"机制 [J].河北师范大学学报（教育科学版），2020，22（2）：73–79.

[34] 陈时见，刘义兵，张学斌.师范生免费教育政策的实施状况与发展路径：基于师范生免费教育的现状调查 [J].教师教育学报，2015，2（4）：57–65.

[35] 包海芹.教育政策制定的理论模式评析 [J].教育学术月刊，2009（1）：17–21.

[36] 李文静，陈丽丽."双减"政策下高职学前师范生就业分析及对策 [J].就业与保障，2021（23）：145–147.

[37] 高海燕.高校毕业生"慢就业"现象解析及对策建议 [J].商讯，2021（15）：181–182.

[38] 陈锐，王贝.河南省全方位全流程服务促进高校毕业生就业 [J].人才资源开发，2022（3）：11.

[39] 杨春.高校促进大学生面向基层就业现实路径探析 [J].思想政治教育研究，2011，27（3）：126–128.

[40] 彭小孟，肖池平.大学生面向基层就业的现状分析和对策思考 [J].教育探索，2008（11）：128–129.

[41] 代懋.中国大学生基层就业项目参与意愿的影响因素研究 [J].中国青年研究，2020（7）：105–111.

[42] 徐家庆.基层意识：新时期大学生就业观教育的核心 [J].教育学术月刊，2009（7）：47–48.

[43] 马莉萍，刘彦林.高校毕业生基层就业：从中央政策到地方政策 [J].北京大学教育评论，2015，13（2）：31–46.

[44] 刘红波，陈遇春，赵丹.农林院校大学生基层就业的困境及对策 [J].菏泽学院学报，2020，42（2）：115–118.

[45] 岳铭坤，叶利军.中医药专业学生基层就业意愿及影响因素分析 [J].湖南中医药大学学报，2020，40（7）：909–912.

[46] 喻本伐.师范教育体制的变化与师范生免费政策的存废 [J].华中师范大学

学报（人文社会科学版），2008（2）：114–123.

[47] 朱月华. 新中国成立 70 年来义务教育师资均衡配置政策的演变路径及展望：基于渐进主义模型的分析 [J]. 教育科学研究，2020（1）：5–11.

[48] 邹礼洪. 略论清末民初的师范教育政策 [J]. 新疆师范大学学报（哲学社会科学版），1998（1）：58–64.

[49] 吴东照，王运来，操太圣，等. 师范生公费教育的政策创新与实践检视 [J]. 中国教育学刊，2019（11）：89–93.

[50] 王定华. 关于实施教师教育振兴行动计划的政策与思考 [J]. 国家教育行政学院学报，2018（6）：3–9.

[51] 张迪. 新时代师范生师德教育问题与反思 [J]. 学校党建与思想教育，2018（16）：44–46.

[52] 李静美. 农村教师定向培养政策的生源吸引力：基于对湖南省的调查研究 [J]. 高等教育研究，2019，40（1）：58–67.

[53] 郭黎岩，王冰，谢鹃，等. 新毕业师范生的职业发展及生存境况研究 [J]. 现代教育管理，2017（5）：88–92.

[54] 孙志建. 政府治理的工具基础：西方政策工具理论的知识学诠释 [J]. 公共行政评论，2011（3）：67–103.

[55] 李静美. "后中师时代" 农村小学教师定向培养政策形成的内在机制 [J]. 教育科学，2020，36（4）：76–82.

[56] 阮成武. 我国义务教育均衡发展政策的演进逻辑与未来走向 [J]. 教育研究，2013，34（7）：37–45.

[57] 陈忠平，姚雯雯. 地方高校师范生就业核心竞争力提升策略研究 [J]. 牡丹江师范学院学报（哲学社会科学版），2013（5）：132–133.

[58] 罗福建. 师范生核心就业能力的提升策略研究 [J]. 贵州师范学院学报，2011（2）：71–73.

[59] 陈惠敏. 提高师范生就业核心竞争力的思想政治教育机制 [J]. 科技信息，2013（34）：149.

[60] 徐惠红. 师范生就业核心竞争力的培养及提升途径研究 [J]. 教育与职业，2012（9）：104–106.

[61] 钟春果. 基于提升就业核心竞争力的地方高校师范生就业问题探析：以宁德师范学院为例 [J]. 集宁师范学院学报，2017，39（5）：103-106.

[62] 陈义. 新形势下福建省本科师范生的就业现状与对策 [J]. 湖北科技学院学报，2014，34（10）：226-227.

[63] 杨艳丽，孙立鹏. 基于就业竞争力的大学生专业伦理教育路径 [J]. 黑龙江高教研究，2017（8）：126-128.

[64] 秦建国. 大学生就业质量评价体系探析 [J]. 中国青年研究，2007（3）：71-74.

[65] 施炜，张苏. 大学生就业核心竞争力辨析 [J]. 现代教育管理，2010（5）：118-121.

[66] 徐颖云. 高校提升大学生就业力的长效机制研究 [J]. 贵州社会科学，2012（5）：129-132.

[67] 陈水平，郑洁. 学前教育专业本科毕业生就业竞争力的反思与超越 [J]. 黑龙江高教研究，2016（5）：125-128.

[68] 苏春景，张济州. 从农村教师教育现状调查看地方高师课程改革 [J]. 课程·教材·教法，2010，30（8）：84-87.

[69] 雷万鹏，黄旭中. 教师教育发展现状调查与政策启示：基于湖北省的实证调研 [J]. 华中师范大学学报（人文社会科学版），2017，56（6）：164-171.

[70] 梅伟惠，徐小洲. 中国高校创业教育的发展难题与策略 [J]. 教育研究，2009，30（4）：67-72.

[71] 李亚员. 创新创业教育：内涵阐释与研究展望 [J]. 思想理论教育，2016（4）：83-87.

[72] 王娟. 思想政治教育视角下高校创新创业教育的思考 [J]. 江苏高教，2019（9）：111-115.

[73] 李家华，卢旭东. 把创新创业教育融入高校人才培养体系 [J]. 中国高等教育，2010（12）：9-11.

[74] 崔红艳. 高师院校创业教育与专业教育融合的思考 [J]. 黑龙江高教研究，2013，31（6）：96-98.

[75] 李峰. 高等师范院校创新创业教育的发展现状及其对策 [J]. 继续教育研究，

2017（5）：30-33.

[76]   刘志军，徐彬. 教育评价：应然性与实然性的博弈及超越 [J]. 教育研究，2019, 40（5）：10-17.

[77]   翁伟斌. 从追随到引领："双高计划"背景下高职院校创新创业教育的转向 [J]. 教育与职业，2021（10）：64-70.

[78]   徐侠侠，岑道权. "双创"背景下高校师范生创业力提升路径 [J]. 内蒙古电大学刊，2017（3）：64-67.

[79]   李春玲. 疫情冲击下的大学生就业：就业压力、心理压力与就业选择变化 [J]. 教育研究，2020, 41（7）：4-16.

[80]   田慧生. 教学环境论 [J]. 教育研究，1995, 16（6）：47-51.

[81]   李博. 课堂积极心理环境的体系化构建 [J]. 教育理论与实践，2017, 37（14）：17-19.

[82]   席居哲，左志宏，桑标. 心理韧性儿童的社会能力自我觉知 [J]. 心理学报，2011, 43（9）：1026-1037.

[83]   周庆平，吴晗，夏鹤津. 地方高等师范院校学生创新创业教育实践研究 [J]. 创新创业理论研究与实践，2021, 4（5）：61-62.

[84]   章招坤. 传统本科师范院校创新创业教育发展现状及对策 [J]. 黑龙江生态工程职业学院学报，2020, 33（1）：99-100.

[85]   兰雨馨，张梦园，匡语依. 核心素养视域下师范生创新创业教育困境及其优化路径研究：以华中师范大学为例 [J]. 冶金管理，2020（15）：167-168.

[86]   崔亚强，甘启宏，余淇，等. 高校智慧教学环境的认识、内涵和实践途径研究 [J]. 中国教育信息化，2020（23）：13-17.

[87]   张芳芳，贺志波. 高校大学生创新创业教育路径探析 [J]. 思想教育研究，2017（7）：118-120.

[88]   吴伶锡，许英，周文革. 试析师范生创新创业教育基地建设内涵与价值取向 [J]. 当代教育理论与实践，2020, 12（4）：72-76.

[89]   赵东霞，王乐. 师范生创新创业能力培育的路径 [J]. 创新创业，2014（10）：57-60.

[90]   沈月娥，杨松明. 人文社科专业大学生创新创业能力培养的思考 [J]. 教育

与职业, 2014 (14): 76–78.

[91] 曾尔雷, 黄新敏. 创业教育融入专业教育的发展模式及其策略研究 [J]. 中国高教研究, 2010 (12): 70–72.

[92] 李昆益. 基于众创空间的大学生"阶梯式"创业能力提升模式研究 [J]. 中国职业技术教育, 2018 (2): 47–50.

[93] 邓洪亮. 创新创业教育改革背景下师范生教育实习大学带队教师指导职能的强化 [J]. 财讯, 2017 (5): 98–99.

[94] 赵新生, 赖超, 韦露, 等. 多层次、多元型师范生创新创业教育体系的探索 [J]. 新教育时代电子杂志 (教师版), 2017 (21): 172–173.

[95] 金艳红. "双创"背景下师范生创新创业教育改革探析 [J]. 文教资料, 2016 (24): 113–114.

[96] 刘艳艳. 小学全科师范生专业承诺对职业成熟度的影响: 职业生涯规划的中介作用 [J]. 中小学心理健康教育, 2017 (14): 4–8.

[97] 赵婷, 阳泽, 刘春燕. 免费师范生职业生涯规划现状分析及建议 [J]. 四川教育学院学报, 2010 (12): 12–15.

187